COMO SE APRESENTAR BEM E ALCANÇAR O SUCESSO

DALE CARNEGIE

COMO SE APRESENTAR BEM E ALCANÇAR O SUCESSO

Tradução
Patrícia Arnaud

7ª edição

BestSeller

Rio de Janeiro | 2023

CIP-BRASIL. CATALOGAÇÃO NA FONTE
SINDICATO NACIONAL DOS EDITORES DE LIVROS, RJ

C286c
7ª ed
Carnegie, Dale, 1888-1955
Como se apresentar bem e alcançar o sucesso / Dale Carnegie; tradução Patrícia Arnaud. – 7ª ed. – Rio de Janeiro: BestSeller, 2023.
il.

Tradução de: Communicating Your Way to Success
Apêndice
ISBN 978-85-7684-594-2

1. Desenvolvimento organizacional – Administração. 2. Liderança. I. Título.

15-21888

CDD: 658.406
CDU: 005.332.3

Texto revisado segundo o novo Acordo Ortográfico da Língua Portuguesa.

Título original norte-americano
COMMUNICATING YOUR WAY TO SUCCESS
Copyright © Dale Carnegie Associates
Copyright da tradução © 2015 by Editora Best Seller Ltda.

Publicado mediante acordo com Dale Carnegie Associates e JMW Group Inc., Larchmont, New York.

Editoração eletrônica: Abreu's System

Todos os direitos reservados. Proibida a reprodução, no todo ou em parte, sem autorização prévia por escrito da editora, sejam quais forem os meios empregados.

Direitos exclusivos de publicação em língua portuguesa para o Brasil adquiridos pela
EDITORA BEST SELLER LTDA.
Rua Argentina, 171, parte, São Cristóvão
Rio de Janeiro, RJ – 20921-380
que se reserva a propriedade literária desta tradução

Impresso no Brasil

ISBN 978-85-7684-594-2

Seja um leitor preferencial Record.
Cadastre-se e receba informações sobre nossos lançamentos e nossas promoções.

Atendimento e venda direta ao leitor
sac@record.com.br

SUMÁRIO

Prefácio	Comunicação — uma via de mão dupla	7
Capítulo 1	Transmitindo suas ideias para os outros	11
Capítulo 2	A arte da boa conversa	37
Capítulo 3	Ouça! Realmente ouça!	61
Capítulo 4	Falando em público com confiança e convicção	79
Capítulo 5	Fazendo grandes apresentações para grupos	103
Capítulo 6	Obtendo o melhor de uma discussão	125
Capítulo 7	Fazendo com que as reuniões sejam mais significativas	145
Capítulo 8	Coloque tudo por escrito	167
Apêndice A	Sobre Dale Carnegie	195
Apêndice B	Os princípios de Dale Carnegie	201

PREFÁCIO

Comunicação — uma via de mão dupla

Existem quatro maneiras, e apenas quatro, de termos contato com o mundo. Somos avaliados e classificados por esses quatro contatos: o que fazemos, como aparentamos ser, o que dizemos e como dizemos.

DALE CARNEGIE

Atualmente, a comunicação — o que dizemos e como dizemos — é um importante fator para o sucesso. Os grandes líderes do governo, da indústria e da educação são todos qualificados na habilidade de se comunicar com outras pessoas de modo eficaz.

Essa habilidade não é necessariamente inata. Qualquer pessoa pode conseguir desenvolvê-la. Tudo o que é preciso é vontade e determinação. Uma vez que aprimoramos nossa habilidade de comunicação, podemos apresentar nossas ideias de modo mais eficaz para nosso chefe, nossos associados, clientes e até mesmo para nossos amigos e familiares.

Imagine ser capaz de se comunicar com mais poder e entusiasmo. Podemos transformar uma reunião chata em uma reunião dinâmica e proveitosa. Podemos inspirar e motivar nossos associados a cumprir aqueles prazos e superar nossas metas previstas.

Grande parte da comunicação do dia a dia cria a oportunidade para ruídos e mal-entendidos. Parte da linguagem usada é facilmente entendida em nossa própria organização, mas muitas vezes esse jargão é confuso para aqueles que estão fora de nossa empresa ou indústria.

Quando organizamos os pensamentos e não tentamos cobrir todas as possíveis abordagens de um tópico, conseguimos manter nossos ouvintes no mesmo nível. Isso ocorre porque as pessoas gostam de ordem e clareza.

Todos os profissionais devem ser capazes de expressar suas opiniões de forma clara, concisa e convincente, sobretudo em situações de improviso ou inesperadas. Tais situações exigem coragem, confiança, capacidade de organizar os pensamentos rapidamente e de expressá-los de maneira coerente e persuasiva.

A comunicação não é uma via de mão única: não é apenas o comunicador que transmite uma mensagem para a outra parte. Para ser eficaz a comunicação deve ser uma via de mão dupla, com o *feedback* fluindo entre as partes de forma contínua. O emissor da mensagem deve buscar e receber *feedback* do receptor. O comunicador deve sempre ter certeza de que o que é enviado seja entendido e aceito pelo receptor. Para tanto, o emissor deve fazer perguntas, observar o máximo possível e, se houver mal-entendidos, corrigi-los e garantir que as correções sejam compreendidas. Deve procurar fazer com que o receptor aceite a comunicação, de modo que haja uma disposição sincera em realizar o que é desejado.

Ao seguir esses princípios básicos da boa comunicação não apenas as mensagens serão rapidamente absorvidas, como também o trabalho será realizado com menos falhas e mais pontualidade, nosso pessoal será mais eficiente e feliz e seremos capazes de cumprir a função de gerente com menos problemas e mais satisfação.

Neste livro você aprenderá algumas estratégias para melhorar sua comunicação oral e escrita. Serão passos importantes para tornar-se bem-sucedido em seu emprego e em todos os aspectos de sua vida.

Você aprenderá como aperfeiçoar sua capacidade de comunicação oral a partir da experiência diária: de conversas em particular — a arte da conversa — até discursos públicos para uma grande plateia. Também vai aprender a melhorar a apresentação de um relatório aos membros de um grupo ou comitê.

Além disso, aprenderá a realmente ouvir o que a outra pessoa está dizendo, de modo que possa compreender completamente a mensagem. Perceberá o quanto sua linguagem corporal favorece ou não a mensagem e como interpretar a linguagem corporal dos seus ouvintes. Aprenderá também a fazer suas comunicações por escrito — cartas, comunicados, e-mails ou mensagens de texto — de forma clara, concisa, completa e mais atraente para o leitor.

Para aproveitar ao máximo este livro, primeiro, leia-o na íntegra, para absorver o conceito global de como dar e receber ideias e informações. Em seguida, releia cada um dos capítulos, e comece a aplicar as instruções para alcançar cada uma das áreas abordadas. Isso irá colocá-lo na direção certa para se tornar um comunicador melhor — um passo importante no caminho para o sucesso.

Arthur R. Pell, Ph.D.
Editor original

CAPÍTULO 1

Transmitindo suas ideias para os outros

Don M. estava furioso. "Expliquei em detalhes como fazer o trabalho. Ele me disse que tinha entendido e agora fez tudo errado. Vai ser preciso fazer tudo de novo."

Quantas vezes isso aconteceu com você? Você dá instruções detalhadas para um subordinado, explica um conceito a um associado, descreve um procedimento a um cliente e sai achando que tudo está entendido. Depois, descobre que nada estava entendido. Muitos problemas poderiam ser evitados e muito tempo economizado se nós simplesmente pudéssemos ter certeza de que o que comunicamos foi recebido pela outra parte da maneira como esperávamos.

A mensagem realmente foi entendida?

Quando Don deu aquelas instruções ao seu subordinado, que pergunta você acha que ele fez ao terminar de falar? Você pensou certo. Ele perguntou: "Você entendeu?" E o que você acha que o subordinado respondeu? Você está certo novamente. Ele certamente disse: "Sim, entendi." O fato de alguém dizer que entende não significa que entende de verdade. Algumas pessoas acreditam que entenderam o que lhes foi dito e, claro, respondem de modo afirmativo. Entretanto, como a interpretação delas pode ser diferente da interpretação da pessoa que passou as orientações, não houve um entendimento real.

Outras pessoas entendem parte do que foi comunicado e acreditam que compreenderam tudo. Há também aqueles que não entenderam absolutamente nada, mas ficam com vergonha de dizer ao chefe e, então, afirmam que entenderam e tentam solucionar a questão por conta própria.

Em todas essas situações, nenhuma comunicação de fato foi realizada a contento. Por isso, é provável que erros e equívocos sejam cometidos, que haja desperdício de tempo e de energia e que o trabalho não seja realizado.

Como os bons comunicadores expõem suas ideias? Vamos analisar algumas das respostas a um levantamento feito com gerentes de escritório, supervisores de fábrica, gerentes de vendas e outros executivos administrativos.

Betty M., gerente de uma agência de viagens em Nova York, relatou que nunca pergunta ao funcionário se ele entendeu as instruções. Em vez disso, pede que o subordinado lhe diga o que vai fazer. "Faço um teste com ele", conta Betty. "Se entrego um projeto para um funcionário completar, depois que dou a explicação, pergunto a ele o que vai fazer. Se houver uma interpretação diferente do que eu tenho em mente, podemos corrigi-la na hora, antes que se transforme em um problema. Se o projeto for complexo, faço várias perguntas do tipo: 'O que você faria se acontecesse X?' e 'Suponha que Y aconteça...'."

Uma das responsabilidades de Betty é ensinar o pessoal administrativo a operar os computadores utilizados para fazer reservas e na compra e emissão de passagens aéreas. Ela comenta: "para ter certeza de que posso contar com determinado funcionário para operar aquele computador corretamente, além de lhe fazer perguntas, peço que ele me mostre no computador como lidaria com vários tipos de problemas. Como meus funcionários trabalham o tempo todo no computador, posso ver com meus próprios olhos o quanto aprenderam e dominam."

A mensagem foi aceita?

Entender o que é comunicado é um critério básico para a boa comunicação, mas há outro fator tão importante quanto. O que é comunicado não deve ser apenas entendido, mas também aceito pela outra parte.

Por exemplo, o gerente diz a um funcionário de escritório que uma tarefa deve ser concluída até as 15 horas. Não há dúvida de que o funcionário sabe exatamente o que isso significa, mas pensa "sem chance". Você acha que a tarefa estará pronta às 15 horas? Provavelmente, não. A menos que a pessoa encarregada da tarefa perceba que o período de tempo atribuído é sensato e razoável, ela não vai se esforçar para cumprir o prazo.

Louise R., dona e gerente de um serviço de manutenção de prédios em Rock Hill, no estado da Carolina do Sul, lida com situações como essa ao solicitar a participação de seus funcionários. Normalmente, há uma equipe de homens e mulheres envolvida nos projetos. Primeiro, ela reúne a equipe e explica o que vão precisar fazer e o motivo para a pressão em relação ao tempo exigido. Depois, pergunta-lhes quando acham que a tarefa pode ser concluída, e pede sugestões. Com frequência, os funcionários apresentam soluções ainda melhores do que as sugeridas pela área de administração. Mas em alguns casos, porém, Louise descobre, a partir dessas reuniões, que é necessário mais ajuda ou horas extras e que, às vezes, sua primeira estimativa de tempo fora demasiado otimista. Como sua equipe sabe que é ouvida e incentivada a participar, Louise acaba obtendo mais cooperação de todos nas situações difíceis, quando há necessidade de esforço, energia e comprometimento adicionais.

Planeje o que vai dizer

Seja em uma reunião com um grupo ou em uma conversa particular, devemos pensar com antecedência sobre a mensagem que vamos passar e em como planejamos apresentá-la. Às vezes, é preciso ser rápido e agir com pouco ou mesmo nenhum tempo para preparação, mas, na maioria das vezes em que algo é discutido, pode-se fazer uma preparação prévia até mesmo em um espaço curto de tempo.

Conheça o assunto

No trabalho, normalmente nos comunicamos com os outros sobre assuntos com os quais estamos bastante familiarizados: a tarefa que estamos realizando, as questões relacionadas à nossa área de atuação ou os problemas relativos à empresa. Mesmo assim, devemos rever os fatos para ter certeza de que dominamos todas as informações disponíveis e que estamos preparados para responder a quaisquer perguntas.

Ocasionalmente, podemos ser solicitados a discutir questões com as quais não estamos familiarizados. A empresa pode querer comprar um novo tipo de software de computador, por exemplo, e pedir que façamos uma verificação. Por isso, três pontos são essenciais:

- Descubra o máximo que puder sobre o assunto. Saiba dez vezes mais do que o necessário para a apresentação.
- Prepare anotações sobre os prós e os contras da compra proposta, da solução e assim por diante.
- Não importa para quem sua apresentação vai ser dirigida — se para uma única pessoa (seu chefe, por exemplo), ou para um grupo de gerentes ou especialistas técnicos —, esteja preparado para responder a perguntas sobre quaisquer assuntos que possam surgir.

Conheça seu público

Mesmo os comunicadores mais qualificados vão falhar em transmitir sua mensagem se a plateia não conseguir compreendê-los. Metade da boa comunicação é levar em conta seu público. Escolha palavras que os ouvintes possam compreender sem dificuldade. Se as pessoas a quem nos dirigimos têm formação técnica, podemos utilizar a terminologia técnica para a comunicação: os ouvintes vão entender de forma clara e imediata esses termos específicos. Porém, se formos falar sobre um assunto técnico para um público que não está familiarizado com o tema, não devemos usar esse tipo de linguagem. Se os ouvintes não puderem entender o vocabulário, nossa mensagem será perdida.

Por exemplo, Charles é um engenheiro cujo trabalho envolve sobretudo lidar com outros engenheiros e, por isso, ele está acostumado a usar termos técnicos o tempo todo. Agora, digamos que ele fosse chamado para fazer uma apresentação para o departamento financeiro da empresa, com o objetivo de obter financiamento para um projeto novo de engenharia. É responsabilidade de Charles, e não dos ouvintes, assegurar que a mensagem seja entendida. Se ele puder explicar o assunto técnico com termos leigos, é isso o que ele deve fazer. No entanto, se for necessário usar linguagem técnica, Charles deve reservar algum tempo para explicar os termos na primeira vez que for usá-los, e pelo menos mais uma vez se achar que é necessário um reforço.

Aqueles que foram convencidos contra a vontade mantêm sempre a mesma opinião.

DALE CARNEGIE

Falando de forma clara

Todos nós já ouvimos oradores que murmuram, falam rápido ou devagar demais ou já tivemos dificuldade de entender pronúncias. Se o orador não articula o discurso de forma clara, grande parte da mensagem que ele está tentando comunicar aos ouvintes será perdida. Uma articulação verbal deficiente é relativamente fácil de melhorar. Algumas maneiras de conseguir isso serão discutidas no Capítulo 4.

Linguagem corporal

Alguns dos comportamentos que exibimos sem perceber podem ter um impacto enorme sobre as impressões que passamos. Estudos realizados por linguistas sociais sobre comunicação frente a frente determinaram que apenas 7% das mensagens passadas de uma pessoa para a outra foram expressas através de palavras faladas. Aproximadamente 38% dos significados foram transmitidos por características vocais — tom de voz, pausas, ênfases etc. — e impressionantes 55% do total das mensagens foram comunicados através de sinais visuais classificados como "linguagem corporal". Muitas vezes não temos consciência de como isso afeta a maneira como somos vistos pelos outros.

Postura

Uma boa (ou má) postura é vista mesmo de longe e é registrada no mesmo instante no cérebro emocional do espectador. A postura é menos sutil do que outras características não verbais, pois envolve nosso corpo como um todo.

Durante pesquisas, os participantes presumiram que as pessoas que apresentam uma postura excelente eram mais populares, ambiciosas, confiantes, amigáveis e inteligentes do que outras, com uma atitude mais relaxada. É normal que a melhoria da postura provoque uma sensação de estranheza e exagero à primeira vista. Busque manter-se ereto, com os ombros alinhados e a parte inferior do corpo equilibrada.

De todas as expressões faciais, o sorriso é a mais influente. Sorrir pode realmente fazer com que os outros sejam mais receptivos ao nosso ponto de vista. Quando sorrimos, a outra pessoa quase sempre sorri de volta. Mais do que apenas um espelhamento, esse ato reflete a súbita onda de calor e bem-estar que nosso sorriso gera.

Um sorriso falso é mais destrutivo do que não sorrir. Não tente sorrir calorosamente apenas com os músculos da mandíbula. Um sorriso convincente usa o rosto como um todo e acontece com espontaneidade quando processamos um pensamento positivo sobre a interação na qual estamos envolvidos.

> Quando você sorri para outras pessoas está lhes dizendo de forma sutil que gosta delas, pelo menos em determinado grau. Elas vão entender essa mensagem e vão gostar ainda mais de você. Tente fazer do sorriso um hábito. Você não tem nada a perder.
>
> DALE CARNEGIE

Contato visual

O ato de olhar para o nosso ouvinte indica confiança, honestidade e consideração por aquela pessoa. A ausência de contato visual geralmente é interpretada como um sinal de medo, desonestidade, hostilidade ou tédio.

Pesquisas demonstram que, em entrevistas de emprego, os candidatos dão respostas mais completas e reveladoras quando o entrevistador mantém contato visual. Em salas de aula, a compreensão e a absorção da matéria por parte dos alunos estão diretamente relacionadas ao contato visual do professor. No entanto, não olhe nos olhos da outra pessoa e sim para o rosto inteiro dela.

A interpretação da linguagem corporal de nossos ouvintes será discutida no Capítulo 3.

Transmita as mensagens via áudio/vídeo

Recebemos informações a partir de todos os cinco sentidos. As ideias e as impressões se desenvolvem a partir do olfato, tato e sentimento, porém, a maioria dos dados processados por nossas mentes vem da audição e da visão — do áudio e do vídeo. Isso mudou de maneira significativa na era da televisão. A televisão fundiu o áudio e o vídeo, de modo que aqueles que foram criados assistindo a TV, de *Vila Sésamo* aos noticiários de hoje, estão acostumados a receber informações de forma simultânea através dos olhos e dos ouvidos. Ao aplicar essa abordagem de "transmissão simultânea" à nossa comunicação com outras pessoas, nossas mensagens são absorvidas com mais eficácia.

Não se limite a dizer — mostre!

Ao treinar sua equipe para lidar com indenizações de seguro, Joan descobriu que, ao desenhar um fluxograma enquanto descrevia o processo, tudo ficava muito mais fácil de ser compreendido. À medida que abordava cada fase, esboçava-as desenhando quadrados para cada etapa e desenhava setas para mostrar o movimento de uma etapa para a outra.

Já Steve aprendeu com uma experiência malsucedida que dizer à sua equipe como realizar a tarefa não era suficiente. Se não trouxesse seus *trainees* de um lugar para o outro no depósito, estes teriam dificuldade em entender o que ele estava ensinando. Tratava-se de um esforço que costumava consumir muito tempo. Ele simplificou o treinamento ao projetar um modelo dos depósitos com o qual pudesse orientar seu pessoal quando fosse falar sobre a tarefa que deveriam realizar.

Muitos executivos têm cavaletes ou quadros-negros em seus escritórios para que possam utilizar meios visuais a fim de reforçar o que falam. Ao ilustrar os assuntos discutidos com tabelas, gráficos, diagramas ou esboços, o que está sendo apresentado torna-se muito mais eficaz. Quando a audição de um assunto é ampliada por imagens visuais, as pessoas tendem a aprender mais rápido e lembrar-se por mais tempo.

Um dos professores mais populares do curso de jornalismo da Universidade de Syracuse, localizada em Nova York, era também um cartunista. Ele desenhava caricaturas enquanto dava aulas. Seus colegas zombavam de seu método e o consideravam muito pouco profissional. "Ele apenas diverte suas turmas — não ensina de verdade", alegavam. Sim, seus alunos achavam divertido, mas absorviam muito mais informações do que absorveriam através de aulas tradicionais e, anos mais tarde, poderiam recordar seus ensinamentos.

O modo de utilizar recursos visuais de forma eficaz será discutido no Capítulo 5.

> Seu objetivo é fazer com que seu público veja o que você viu, ouça o que você ouviu, sinta o que você sentiu. O detalhe relevante, expresso através da linguagem concreta e colorida, é o melhor modo de recriar o episódio como aconteceu e retratá-lo para o público.
>
> DALE CARNEGIE

Criando imagens visuais ao telefone

A única mídia na qual ainda não possuímos o auxílio de elementos visuais é o telefone. Sim, podemos ajudar nossos ouvintes a "ver" o que estamos dizendo ao elaborar imagens verbais. Uma imagem verbal possibilita ao ouvinte visualizar aquilo de que estamos falando em sua mente.

Ao sermos indagados em relação a como chegar a um determinado endereço, dizemos, por exemplo: "Pegue a rodovia I-95 até a saída 23, que é a Mulberry Street. Vire à direita e dirija até o quarto semáforo, onde fica a 17th Avenue. Vire à esquerda na 17th Avenue e dirija por 12 quarteirões até a Smith Road. Vire à direita na Smith Road e dirija por cinco quarteirões. Nosso escritório fica na Smith Road, nº 2.345."

Essa é uma das maneiras de fornecer a informação. Agora, vamos dar as mesmas instruções usando imagens verbais: "Pegue a I-95 até a saída 23, que é a Mulberry Street. Vire à direita e dirija até o quarto semáforo. Há um posto de gasolina Texaco à sua esquerda e um McDonald's à sua direita. Esta é a 17th Avenue. Vire à esquerda na 17th Avenue. Dirija até o prédio do Corpo de Bombeiros — esta é a Smith Road. Vire à direita e dirija até o prédio de tijolos amarelos à sua esquerda. É onde fica nosso escritório — Smith Road, n$^{\underline{o}}$ 2.345."

Não fica mais fácil? O visitante não tem de contar semáforos e quarteirões ou procurar por nomes de rua. Ele pode apenas procurar pelos pontos de referência que foram apresentados de maneira visual.

Visualize o futuro

Vendedores bem-sucedidos usam imagens verbais. Audrey vende computadores. Ao discutir os problemas enfrentados por um de seus potenciais clientes, ela soube que este estava particularmente preocupado com a desorganização do escritório que supervisionava. "Papéis e arquivos estão por toda parte", ele reclamou. "E nunca consigo encontrar os arquivos de que preciso, pois estão sempre fora do lugar, provavelmente em uma daquelas pilhas."

Após descrever os aspectos técnicos do produto de sua empresa, ela complementa: "Vamos olhar para o futuro próximo, para daqui a uns seis meses. O senhor entra no escritório, não há pilhas de papéis nas mesas e nas cadeiras. Seus funcionários estão trabalhando, cada um em seu computador. O senhor precisa de um arquivo, senta-se diante de um computador e digita o nome do que procura. Em um instante a informação desejada aparece na tela. Sem espera, sem frustração."

Audrey elaborou uma imagem verbal do futuro. O gerente não precisou de muita imaginação para visualizá-la e reconheceu a importância de realizar a compra.

Barreiras à comunicação clara

Não importa quão boas sejam a preparação e a apresentação de nossas mensagens, com frequência, o que é recebido não é exatamente o que foi transmitido. Podem surgir barreiras que impedem a comunicação.

Algumas das principais barreiras são psicológicas, e não físicas. Podemos ter pronúncia perfeita e escolher as palavras com sabedoria, porém, a obstrução se desenvolve em áreas intangíveis: suposições, atitudes e bagagem emocional de cada um de nós.

Verifique suposições
Temos uma boa ideia do que provoca determinado problema e de como resolvê-lo. Ao discutirmos o assunto com outras pessoas, supomos que saibam tanto quanto nós sobre aquilo e, por isso, nossa fala se baseia na suposição de que eles têm o conhecimento que na realidade não possuem. O resultado é que não lhes damos as informações necessárias.

Esteja ciente de suas atitudes
Outra barreira à comunicação são as atitudes do emissor e as do receptor. Um gerente arrogante vai transmitir esse defeito na maneira como as informações são passadas. Ele pode dar a impressão de estar desvalorizando os funcionários. Isso provoca ressentimento, o que bloqueia a comunicação. Para que a mensagem seja recebida, ela deve não apenas ser entendida, como também aceita pelo receptor. Quando há ressentimento, é pouco provável que haja aceitação.

Um funcionário que esteja remoendo o ressentimento que sentiu pela atitude do líder não "ouve" propriamente o que está sendo dito. Bons líderes evitam atitudes que denotem arrogância — como ser sarcástico e "passar por cima de uma opinião" — ao lidar com funcionários.

Fique atento às ideias preconcebidas
As pessoas tendem a ouvir o que esperam ouvir. A mensagem que recebem é distorcida por quaisquer informações que já tenham escutado sobre o assunto. Por isso, se as novas informações forem diferentes do esperado, as pessoas podem rejeitá-las e absorvê-las de modo equivocado. Em vez de realmente ouvir a nova mensagem, podem ouvir o que suas mentes lhes dizem.

O que isso significa? Os funcionários devem ser treinados para manter suas mentes abertas. Quando alguém lhes diz algo, devem fazer um esforço extra para ouvir e avaliar as novas informações de forma objetiva, em vez de bloqueá-las porque são diferentes de suas ideias preconcebidas.

Ao estabelecer uma comunicação com os outros devemos tentar conhecer suas ideias preconcebidas. Se forem pessoas com as quais trabalhamos no dia a dia, provavelmente já conhecemos os pontos de vista delas sobre muitos assuntos que discutimos em conjunto. Ao lhes apresentar nossos pontos de vista, precisamos levar em consideração suas crenças. Se essas crenças forem diferentes das nossas, precisamos estar preparados para fazer o esforço a fim de ultrapassar esses obstáculos.

Preconceitos e opiniões preconcebidas — nossos e deles
Nossas ideias preconcebidas a favor de uma pessoa ou contra ela influenciam o modo como recebemos suas mensagens. Ouvimos com mais atenção e ficamos mais propensos a aceitar ideias de alguém de quem gostamos e por quem temos respeito. Em contrapartida, tendemos a apagar a contribuição de pessoas de quem não gostamos e a rejeitar suas ideias.

A percepção é a realidade na mente do observador. A menos que nossa percepção e a daqueles com quem estamos nos comunicando sejam coerentes, estaremos trabalhando com objetivos opostos.

Os preconceitos também afetam a maneira como o assunto é recebido. As pessoas se fazem de surdas em relação aos pontos de vista divergentes de assuntos sobre os quais elas têm sentimentos arraigados. Carol é um bom exemplo de pessoa desse tipo. Como gerente da empresa em que trabalha ela tem fixação por redução de custos. Ela não dá ouvidos a qualquer discussão sobre a possibilidade de aumentar custos, embora possam ocorrer benefícios a longo prazo. Para lhe vender essa ideia inovadora temos que convencê-la do quão rentável será a mudança a longo prazo, ainda que possa haver um aumento imediato nos custos.

Muitas pessoas sequer têm consciência de seus próprios preconceitos. Reserve um tempo para analisar o porquê de algumas decisões tomadas no passado. Elas foram muito influenciadas por nossos preconceitos? Siga os seis passos a seguir:

1. Tenha consciência de seus preconceitos.
2. Identifique por que mantém tais preconceitos.
3. Reconheça as características compartilhadas.
4. Ponha seus preconceitos de lado e mantenha a mente aberta.
5. Faça um esforço para considerar as ideias das outras pessoas de forma objetiva.
6. Não permita que uma experiência negativa reacenda seus preconceitos.

Esteja ciente de seu estado emocional
Todos nós já tivemos dias ruins. E, em uma tarde daquelas, um de nossos funcionários vem a nós, empolgado com alguma ideia nova. Como reagimos? Provavelmente, pensamos: "Já tenho preocupação suficiente no momento. Quem precisa disso?" Nossa mente está fechada e a mensagem não é absorvida.

Não só devemos estar cientes de nosso estado emocional quando enviamos ou recebemos uma mensagem, como também devemos considerar o estado emocional de nossos subordinados. Surge um projeto importante e vamos até dois de nossos funcionários, Dan e Joan, para discuti-lo. Joan demonstra entusiasmo em relação ao trabalho; Dan se mostra cético. Por quê? Dan fica irritado pois está ocupado trabalhando em outro projeto e quer se concentrar nele. Ele acha que estamos sendo imprudentes ao designá-lo para esse trabalho.

Sempre confira a temperatura da água antes de entrar na banheira. Uma breve conversa com Dan e Joan sobre as atividades deles naquele momento teria revelado a quantidade de tempo dedicado por Dan a seu projeto atual. Ao apresentar a nova tarefa, precisamos deixar claro que o que ele está fazendo no momento é importante e que estamos felizes com seu progresso. Devemos enfatizar que o motivo da escolha dele para a nova tarefa se deve ao fato de que ela não interfere no trabalho que ele está desempenhando, sendo, inclusive, um complemento do mesmo.

Canais: a distorção entre o emissor e o receptor

Na comunicação, uma das causas mais comuns de interferência e distorção é a do caminho que a mensagem percorre entre emissor e receptor. Em muitas empresas de grande porte, a comunicação deve fluir através de canais estabelecidos. Quanto mais amplos forem os canais, maior a probabilidade de ocorrer distorção. Isso pode ser ilustrado com a brincadeira do "telefone sem fio", na qual uma pessoa cochicha determinada informação no ouvido de seu vizinho, que repete a informação para a próxima pessoa e assim por diante. Quando a informação é contada de novo pela primeira pessoa, a história é completamente diferente.

Não é difícil parte da informação passada oralmente "através de canais" ser distorcida em cada estação, de modo que a informação que o receptor receberá não será exatamente a que o emissor transmitiu. Uma forma de diminuir essa dificuldade é lançar mão de comunicações escritas.

A escrita é mais difícil de distorcer, embora a interpretação do que está escrito possa variar, de acordo com o receptor. Mesmo assim, a escrita tem algumas desvantagens: muitas questões não podem ou não devem ser comunicadas por escrito; escrever consome tempo; a escrita não é apropriada para questões urgentes e de interesse transitório.

A maneira mais eficaz é reduzir os canais e permitir que a mensagem seja transmitida da forma mais direta sempre que possível. Quanto menos estações ao longo do caminho, menores as chances de distorção. O principal motivo para a existência de canais é assegurar que as pessoas responsáveis por um projeto sejam mantidas a par de tudo que diga respeito a ele. Isso faz todo o sentido, mas muitas vezes é feito de forma exagerada. Se um assunto envolve decisões relacionadas a diretrizes ou às principais áreas de atividade, os canais são importantes. Porém, grande parte das comunicações nas empresas diz respeito a questões de rotina. Nesse caso, o uso de canais pode não apenas distorcer a mensagem, como também diminuir o ritmo do trabalho.

Esteja aberto aos comentários de *feedback*

Talvez o aspecto mais desafiador na gestão de nossa imagem exterior seja a dificuldade de nos vermos através da perspectiva dos outros. Pesquisas apontam que provavelmente somos mais críticos conosco do que os outros. Ao mesmo tempo, pode ser que não tenhamos consciência de alguns de nossos comportamentos negativos que precisam ser corrigidos.

Algumas formas de obter uma visão precisa de nossa própria imagem exterior incluem:

- Ver e ouvir fitas de vídeo de reuniões em que tenhamos participado.

- Ensaiar conversas em frente ao espelho.
- Obter críticas honestas de colegas confiáveis.
- Monitorar as reações do público com atenção.

É uma boa ideia ter um *coach* tanto para ajudar a identificar nossos problemas de comunicação quanto para trabalhar conosco, a fim de superá-los. Há muita orientação disponível nesse campo através de *coaches* de discurso profissional ou seminários práticos, como o programa "High Impact Presentations", da Dale Carnegie & Associates.

Atribuir tarefas

Uma das funções mais importantes da comunicação para um gerente ou supervisor é delegar tarefas para seus funcionários. Com frequência ouvimos esta reclamação: "Não entendo por que meus funcionários não conseguem seguir ordens. Dou a eles instruções claras e, mesmo assim, eles entendem tudo errado."

Quantas vezes já fizemos comentários como esse ou ouvimos outros supervisores lamentarem a falta de capacidade que sua equipe tinha de fazer as coisas da forma correta? Talvez a causa não seja a incapacidade de nossos funcionários e sim o fato de que não estamos atribuindo tarefas de modo tão eficaz quanto deveríamos.

Planejando a tarefa

Como foi mencionado no início deste capítulo, nossas mensagens devem ser planejadas. Com muita frequência os supervisores não reservam tempo para preparar as atribuições. Eles sabem o que é preciso fazer e pressupõem que só precisam dar ordens para que um funcionário desempenhe a tarefa de modo apropriado.

O planejamento começa com uma ideia clara do que deve ser feito. Mesmo tendo feito esse tipo de trabalho várias vezes, é importante pensar sobre isso novamente. Devemos nos colocar no lugar do funcionário. Se nunca tivéssemos visto o projeto antes, o que gostaríamos de saber? Devemos fazer uma relação dos objetivos que desejamos atingir, das informações necessárias para atingi-los, assim como os materiais, as ferramentas, as fontes de apoio e tudo aquilo que for necessário para a tarefa.

Parte muito importante do planejamento é determinar quem vai desempenhar a tarefa. Na seleção dessa pessoa, tenha em mente a importância da atribuição. Se for uma tarefa em que é essencial a rapidez e para a qual pouca supervisão é necessária, opte por uma pessoa que tenha demonstrado no passado a competência para esse tipo de trabalho. No entanto, caso se trate de uma área em que haja tempo suficiente para proporcionarmos orientação, pode ser vantajoso atribuir essa tarefa para uma pessoa menos habilitada e usar esse projeto como um meio de treinamento e desenvolvimento das habilidades desse funcionário.

Explicando a tarefa
Barbara estava frustrada. Ela deu a Carol uma descrição detalhada do que queria que fosse feito e Carol garantiu que tinha entendido. Uma semana depois, Carol entregou o trabalho, todo errado. Sua desculpa: "Achei que fosse isso o que você queria."

Norman estava chateado. Seu chefe havia acabado de lhe dar um prazo que ele considerou totalmente irreal. *Ele perdeu a noção*, pensou Norman. *Não há a menor condição de fazer tanto trabalho em tão pouco tempo. Vou fazer o que puder, mas sei que não vou conseguir.*

Conforme já salientado anteriormente neste capítulo, o supervisor deve assegurar-se de que o subordinado entende perfeitamente a instrução e a aceita.

Tenha um plano de ação

Em projetos que tenham prazo relativamente grande, solicite ao funcionário que prepare um plano de ação antes de iniciar o trabalho. Isso pode incluir apenas o que deve ser feito, a programação em termos de tempo e que tipo de apoio pode ser necessário.

A tarefa de Rita era organizar planos de viagem para vinte vendedores de todo o país que participariam de uma reunião em Chicago. Antes de dar início à tarefa, ela redigiu um plano de ação abordando todos os aspectos do projeto, incluindo notificar os vendedores, fazer as reservas de voo e de hotel e garantir que todos os participantes recebessem suas passagens aéreas no tempo apropriado. O plano incluía horários para início e conclusão de cada fase e indicação de que tipo de assistência ela precisaria para cada etapa. Ao examinar o plano com seu chefe, foi capaz de resolver quaisquer equívocos ou potenciais problemas antes de começar.

Observe que Rita colocou seu plano de ação por escrito. Ao fazer isso, tanto ela quanto seu chefe foram capazes de verificar, a qualquer momento, o andamento do plano e a probabilidade de ocorrerem problemas antes que isso acontecesse.

Acompanhamento

Independente de qualquer projeto ter sido bem-planejado, cabe a um supervisor fazer o acompanhamento. Isso deve ocorrer com certa frequência para garantir que o projeto esteja sendo desenvolvido de acordo com o plano.

Alan acredita que, fazendo o acompanhamento com muita frequência, sua equipe vai achar que ele não confia nela. "Quero que meus funcionários sejam verdadeiros participantes. Após concordar com o plano de ação deles, devo acreditar que eles vão segui-lo. Se eu resolver verificar, anulo a mensagem que estou tentando transmitir."

Embora tenha esse ponto de vista, Alan ainda tem a responsabilidade final pelo sucesso de seu departamento, e se tarefas não forem concluídas de modo satisfatório, isso terá reflexos em sua capacidade. Para garantir que as tarefas sejam cumpridas é necessário fazer um acompanhamento. Entretanto, tal acompanhamento pode ser realizado sem que nossos funcionários pensem que não confiamos neles.

A chave para a filosofia de gestão de Alan é a participação. Por isso, o acompanhamento deve ser feito de maneira participativa. Em vez de Alan olhar por sobre os ombros de seus funcionários ou surpreendê-los com verificações inesperadas, os acompanhamentos devem estar previstos no plano de ação. Quando um subordinado desenvolve um plano, devem ser incorporados pontos de verificação ao longo de todo o projeto. Quando várias fases do projeto tiverem sido concluídas, o funcionário se reunirá com Alan para analisar o que foi feito. O funcionário deve ser incentivado a criticar o trabalho e, talvez, fazer novas sugestões que possam ser incorporadas ao projeto.

É claro que Alan também precisará tecer comentários apropriados, assim como sugestões.

Desta forma, o acompanhamento torna-se parte da abordagem participativa. Além disso, funciona como estímulo ao subordinado para que ele alcance um sucesso ainda maior ao enfrentar o desafio da tarefa.

Cultivando a diplomacia e o tato

A maneira como nos comunicamos pode provocar reações positivas ou negativas. Se nossa forma de comunicação for agressiva, desrespeitosa ou insensível, corremos o risco de realizar uma abordagem ofensiva e raivosa, o que pode impedir os outros de ouvirem a mensagem que estamos tentando transmitir. Comunicar-se com diplomacia e tato requer força e sensibilidade, além de controle das emoções. Quando nos comunicamos com diplomacia e tato, adaptamos nosso estilo ao da pessoa com quem estamos falando, de forma a deixá-la à vontade.

A maioria das pessoas tende a seguir um estilo próprio para se comunicar. Pesquisas sobre estilos de comunicação têm colocado as pessoas em uma das quatro categorias a seguir:

- Estilo amigável: são pessoas casuais, agradáveis, focadas em relacionamentos, prestativas e calorosas. Não gostam de discutir e buscam um *feedback* positivo.
- Estilo analítico: são formais, metódicas e sistemáticas. Ficam impressionadas com dados e detalhes. Olham com atenção para as evidências e utilizam todas elas

para encontrar respostas e soluções para os problemas discutidos.
- Estilo animado: são demonstrativas e expressivas. Têm propensão a gesticular quando dão suas opiniões. Preocupam-se mais com o todo do que com os detalhes. Sua principal preocupação está em como tudo isso vai afetá-las.
- Estilo pragmático: valorizam metas e são focadas nos objetivos a serem alcançados. Mesmo que tenham opiniões e pontos de vista fortes, elas se mostram dispostas a considerar outras opções quando lhes são apresentadas.

Atitudes de comunicadores diplomáticos e com tato:

- Estabelecem harmonia baseados no estilo com o qual a outra pessoa se comunica.
- Se preocupam com o que é confortável para cada um.
- Utilizam estímulo e linguagem apropriada que sejam adequados ao estilo da pessoa com quem estão interagindo.
- Têm consciência do tempo necessário para uma tarefa com base no estilo de comunicação de seu interlocutor.

Ganhe a confiança de seus funcionários

Para ser um bom comunicador é preciso ganhar a confiança e o respeito daqueles com quem estamos nos relacionando. Para isso, alguns comportamentos devem ser levados em consideração:

1. Conhecer os interesses dos outros para lhes fazer perguntas, descobrir o que os motiva e ajudá-los a crescer.

2. Ouvir sinceramente com os ouvidos, os olhos e o coração, sem preconceito e julgamentos.
3. Honrar e encontrar mérito nas diferenças de opinião, nas ideias preconcebidas e na diversidade.
4. Envolver os outros nas decisões, mostrar uma atitude aberta e de aceitação, e ser receptivo a novas ideias.
5. Estar disposto a negociar e a se comprometer, além de ser um mediador entre aqueles com pontos de vista diferentes.
6. Pensar antes de falar. Considerar o público (profissional, pessoal etc.) e o ambiente ao escolher palavras e ações.
7. Usar linguagem inclusiva e comunicar com diplomacia, tato e sensibilidade.
8. Falar com confiança, determinação e autoridade, além de embasar suas opiniões com dados.
9. Enfrentar as crenças e os valores arraigados.
10. Ser um especialista modesto e estar disposto a solicitar a especialidade de outra pessoa.
11. Ser confiável, guardar segredos, cumprir promessas e compromissos firmados.
12. Evitar mudanças de humor. Atuar de maneira consistente, racional, justa, com honestidade e ética.
13. Ser um modelo no papel de mediador, agir profissionalmente e sempre conduzir a conversa.
14. Demonstrar confiança nos outros, revelar os próprios pensamentos e sentimentos de maneira franca e aberta.
15. Ser autêntico — demonstrar coerência entre palavras e ações.
16. Ser acessível e disponível.
17. Ser realista ao comunicar metas e resultados.

18. Aceitar a responsabilidade e admitir erros, falhas e desvantagens.
19. Lidar diretamente com outras pessoas. Não participar de fofocas e nunca falar pelas costas de ninguém.
20. Compartilhar o sucesso, dividir com os outros o crédito pelas conquistas.

Pontos importantes

- Seja em uma reunião com um grupo ou em uma conversa particular, prepare com antecedência seu discurso.
- Fale de maneira clara, para que seja compreendido com facilidade. Fale com entusiasmo, de modo que seu público não fique entediado.
- Preste atenção à sua linguagem corporal.
- Esteja preparado para superar as barreiras que distorcem sua comunicação.
- Conheça e controle seus preconceitos.
- Ao designar tarefas, planeje o que vai dizer, comunique as etapas de maneira clara aos funcionários e obtenha um *feedback* para avaliar como o que você disse foi recebido. Além disso, realize acompanhamentos para garantir que as tarefas sejam realizadas.
- Assegure-se de que o comunicado tenha sido não apenas entendido, como também aceito pela outra parte.
- Tenha tato e seja diplomático em todas as suas interações.

CAPÍTULO 2

A arte da boa conversa

A capacidade de iniciar conversas interessantes é um dos maiores bens pessoais que um indivíduo pode ter. É de grande ajuda para o sucesso empresarial e social, além de contribuir para uma satisfação maior ao estar na companhia de outras pessoas.

Nada causa melhor impressão, sobretudo naqueles que não nos conhecem muito bem, do que a capacidade de manter uma boa conversa. Saber conversar, sendo capaz de despertar interesse nas pessoas, prender sua atenção, atraí-las naturalmente pela superioridade da capacidade de conversação, é algo que propociona uma satisfação muito grande. Contribui não apenas para causar uma boa impressão em desconhecidos como também para fazer e manter amigos. Uma boa conversa abre portas e abranda corações. Faz com que nos tornemos interessantes para qualquer tipo de empresa, contribui para que sejamos bem-sucedidos no mundo, além de nos atrair clientes, pacientes ou consumidores. É a ferramenta que nos permitirá persuadir as pessoas a aceitar nossas ideias, seguir nossa liderança e comprar nossos produtos.

As pessoas que conseguem se expressar bem, que têm o dom de expor ideias de modo atraente, que conseguem, em função de sua capacidade de discurso, provocar interesse nos outros imediatamente, têm vantagem. E essa vantagem é tão grande que se aplica mesmo àqueles que podem até saber mais do que elas sobre o assunto, mas que não conseguem se expressar com facilidade e eloquência.

> Existem quatro maneiras, e apenas quatro, de termos contato com o mundo. Somos avaliados e classificados por estes quatro contatos: o que fazemos, como aparentamos ser, o que dizemos e como dizemos.
>
> DALE CARNEGIE

A conversa é um grande instrumento de desenvolvimento de poder. Entretanto, falar sem pensar, sem esforço para se expressar com clareza e de modo conciso, trabalhará contra nós. Uma mera conversa rápida ou fofoca não impressiona. Trata-se de algo bastante profundo para tal esforço superficial. Nada indicará com tanta rapidez nossa delicadeza ou grosseria em termos culturais, nossa educação ou a falta dela, quanto nosso modo de conversar. É através da maneira como nos expressamos que contamos a história de nossa vida como um todo. O que dizemos e como dizemos vai revelar todos os nossos segredos e mostrar ao mundo nossa verdadeira personalidade.

O que faz com que uma pessoa tenha maior habilidade de conversar?

Intelecto, capacidade mental e conhecimentos em determinado campo podem ser úteis. No entanto, não são a razão principal para uma pessoa conseguir prender a atenção dos outros.

Devemos fazer com que as pessoas sintam que temos empatia por elas e que estão diante de alguém sincero. Não devemos cumprimentar as pessoas de maneira rígida com um "Como vai você?" ou "Prazer em conhecê-lo", sem nenhum sentimento atrelado ao cumprimento. Seja sociável e adapte-se às diferentes situações. Olhe as pessoas diretamente nos olhos e faça com que sintam a sua personalidade. Sorrir para elas e dizer palavras agradáveis fará com que fiquem felizes em encontrá-lo outra vez.

Seja cordial

Se quisermos ser comunicadores agradáveis, devemos cultivar a cordialidade. Devemos deixar a porta de nossos corações bem aberta, e não, como muitos fazem, apenas levemente entreaberta: "Você pode espiar um pouco, mas não pode entrar, até que eu perceba que você pode se tornar conveniente." A maioria das pessoas é mesquinha em termos de cordialidade: parece reservá-la para algumas ocasiões especiais ou para amigos íntimos. Acha que a cordialidade é um item muito precioso para distribuir para todos.

Não tenha medo de abrir seu coração: escancare a porta dele e deixe-a bem aberta. Livre-se de todo tipo de reserva. Ao encontrar uma pessoa, não aja como se estivesse com medo de cometer um erro que teria constrangimento em recordar.

O aperto de mão alegre e caloroso e o cumprimento cordial criam um vínculo de simpatia entre nós e as pessoas que encontramos. Elas pensarão: "Bem, trata-se de alguém realmente interessante. Quero saber mais sobre essa pessoa, que vê algo em mim que, evidentemente, a maioria das outras pessoas não vê."

Cultive o hábito de ser cordial, de encontrar pessoas com um cumprimento sincero, caloroso e de coração aberto. Isso faz milagres. Vamos perceber que a cara fechada, a desconfiança, a indiferença e a falta de interesse, que agora tanto nos incomodam, vão desaparecer. As pessoas vão perceber que nos interessamos por elas de verdade, que realmente queremos conhecê-las e agradá-las. A prática da cordialidade revoluciona o poder social. Vamos desenvolver qualidades cativantes que sequer sonhamos em ter.

Não é apenas o que dizemos, mas como dizemos

Tenha em mente que nos expressamos não apenas pelas palavras que proferimos. O tom de voz, a expressão facial, os gestos e nossa postura também são formas de expressão.

Quando Charles W. Eliot era reitor da Universidade de Harvard, ele disse: "Reconheço apenas uma aquisição mental como parte essencial da educação de um homem ou de uma mulher. É o emprego preciso e refinado da língua materna."

Não há nenhuma satisfação e nenhuma realização que possamos ter de forma tão constante e eficaz — e que vá nos ajudar a fazer e manter amigos — como uma boa conversa. Sem dúvida, o dom da palavra foi concebido para ser uma conquista muito maior do que a maioria de nós jamais pôde pensar em ter.

Cultive habilidades de conversação

Muitos de nós somos desajeitados em nossas conversas porque não fazemos delas uma arte: não nos damos o trabalho de aprender a falar bem. Não lemos o suficiente ou não pensamos o bastante. A maioria de nós se expressa através de uma linguagem desleixada, porque é tão mais fácil do que pensar antes de falar, do que fazer um esforço para se exprimir com elegância, eloquência e poder.

Pessoas com habilidades de comunicação medíocres desculpam-se por não tentar melhorar, dizendo que "os bons oradores nasceram com esse dom, o qual não pode ser adquirido". Seguindo essa linha de raciocínio, poderíamos afirmar que bons advogados, bons médicos ou bons comerciantes nasceram com o dom, e não que o tenham adquirido. Nenhum deles chegaria muito longe sem esforço. Esse é o preço de toda conquista importante.

Muitas pessoas devem seu avanço, em grande parte, à capacidade de conversar bem. A capacidade de provocar interesse nas pessoas através da conversa, de envolvê-las, é muito poderosa. As pessoas que sabem algo, mas se expressam de maneira desajeitada ou não conseguem colocar seu conhecimento em uma linguagem dominante, interessante e lógica, levam sempre grande desvantagem.

É um grande prazer ouvir pessoas que cultivam a arte da conversação. A linguagem delas flui com uma beleza cristalina e clara, suas palavras são escolhidas com bastante requinte, delicadeza, bom gosto e precisão, e há certo refinamento na dicção com a qual elas encantam todos os seus ouvintes.

Podemos pensar que somos medíocres e não temos oportunidades na vida. Podemos ter uma situação em que outros dependam de nós, de modo que talvez não tenhamos como frequentar a escola ou a faculdade, nem estudar música ou arte como gostaríamos. Podemos estar presos a um ambiente deprimente ou nos sentindo torturados por alguma frustração. Nenhum desses casos deve ser impeditivo para nos tornarmos conversadores interessantes, porque, em cada frase que pronunciamos, podemos colocar em prática a melhor forma de expressão. Cada livro que lemos, cada pessoa com quem conversamos, e que usa um bom discurso, podem nos ajudar.

Poucas pessoas pensam o bastante sobre como vão se expressar. Usam as primeiras palavras que vêm à cabeça. Não pensam em formar uma frase de modo conciso e belo, com transparência e poder. As palavras fluem de seus lábios de maneira confusa e desordenada, com pouca atenção ou organização.

A boa leitura, no entanto, não apenas amplia a mente e traz novas ideias como também aumenta o vocabulário, o que vem a ser de grande ajuda para a conversa. Muitas pessoas têm bons pensamentos e ideias, mas não conseguem se expressar, devido à pobreza de vocabulário. Elas não têm léxico suficiente para descrever suas ideias e torná-las atraentes. Falam como se andassem em círculo, repetindo as mesmas coisas. Isso ocorre porque, quando querem uma palavra específica para transmitir com exatidão o que pretendem, não conseguem encontrá-la.

Se tivermos a ambição de falar bem, devemos nos relacionar com pessoas educadas e cultas. Se nos isolarmos, quer tenhamos diploma superior ou não, seremos conversadores medíocres.

Todos nós somos solidários com as pessoas, sobretudo com as que são tímidas, acanhadas e ficam bloqueadas ou têm aquela fuga das ideias quando fazem um esforço para dizer algo e não conseguem. Jovens tímidos com frequência sofrem profundamente na tentativa de expressar seus pensamentos na escola ou na faculdade. Mas mesmo grandes oradores passaram por esse tipo de experiência, quando tentaram pela primeira vez falar em público e foram muitas vezes humilhados por tropeços e falhas. No entanto, só há uma maneira para se tornar um bom comunicador: a tentativa constante de se expressar de modo eficiente e elegante.

Nossas ideias podem sumir quando tentamos expressá-las, podemos gaguejar e tropeçar nas palavras que não conseguimos encontrar. Entretanto, podemos ter certeza de que todo esforço honesto que fizermos, mesmo que falhemos em nossa tentativa, fará com que tudo fique mais fácil para falar bem da próxima vez. Se continuarmos tentando, a rapidez com que dominaremos nossas dificuldades será impressionante, conquistaremos nossa autoconsciência e vamos adquirir tanto a tranquilidade na forma como a facilidade de expressão.

Todos os bons comunicadores já sentiram um poder que irradia do ouvinte, traz sempre algo diferente e, muitas vezes, estimula e inspira o novo empenho. A mescla de pensamentos e o contato de mentes desenvolvem novos poderes, como a mistura de dois componentes químicos que, com frequência, produz uma terceira nova substância.

> Você pode fazer mais amigos em dois meses demonstrando interesse pelas pessoas do que em dois anos ao tentar fazer com que as pessoas se interessem por você.
>
> DALE CARNEGIE

Demonstre interesse verdadeiro pelos outros

Muitos de nós somos não apenas comunicadores medíocres, como também ouvintes medíocres. Somos muito impacientes para ouvir. Em vez de prestar atenção e ter interesse em absorver a história ou as informações, não temos respeito suficiente pelo orador para ficarmos em silêncio. Olhamos ao redor com impaciência, talvez tamborilando os dedos sobre uma cadeira ou uma mesa, não ficamos parados, como se estivéssemos entediados e ansiosos para ir embora, e interrompemos os oradores antes que cheguem ao término de sua fala. Na verdade, somos pessoas tão impacientes que não temos tempo para nada, exceto para avançar, abrir nosso caminho através da multidão a fim de obter uma posição ou ganhar dinheiro.

A impaciência nervosa é uma característica conhecida por muitos de nós. Tudo nos aborrece: o que não nos traz mais negócios ou mais dinheiro ou o que não ajuda a alcançar posições para as quais estamos lutando.

Em vez de apreciar nossos amigos, temos uma tendência a considerá-los como muitos degraus em uma escada e a valorizá-los à medida que nos indicam pacientes, clientes, consumidores. Ou à medida que demonstram sua capacidade de nos impulsionar para uma posição estratégica.

Uma das causas para a decadência de nossas habilidades de conversação é a falta de empatia. Somos tão egoístas, tão ocupados com nosso próprio bem-estar e tão fechados em nosso próprio mundinho — além de preocupados demais em nos autopromover —, que não abrimos espaço para ter interesse pelos outros. Ninguém pode ser um bom comunicador se não for empático. Precisamos ser capazes de entrar na vida das outras pessoas, para vivenciá-la junto com ela, para ser um bom ouvinte ou um bom comunicador.

Para que nos tornemos agradáveis precisamos ser capazes de entrar na vida das pessoas com quem estamos conversando e de impressioná-las conhecendo seus interesses. Não importa o quanto possamos saber sobre um assunto, pois, se este não for de interesse daqueles com quem estamos conversando, nossos esforços serão praticamente inúteis.

É triste quando, às vezes, vemos indivíduos parados em uma antessala ou em uma reunião de clube, com ar de patéticos, meio desamparados e incapazes de entrar com vontade nas conversas porque são egocêntricos demais. Eles não entram com sinceridade na vida dos outros ou não se preocupam suficientemente com a ocasião para se tornarem bons conversadores.

São frios, reservados e distantes, porque suas mentes estão em outro lugar: neles mesmos e em seus próprios assuntos. Há apenas duas coisas que lhes interessam: negócios e seu próprio mundinho. Se falarmos sobre essas coisas, eles se interessam de imediato. Contudo, não se importam com nossos assuntos, com o que estamos fazendo, com a nossa ambição ou com o modo como podem nos ajudar. A conversa deles nunca alcança um padrão elevado, uma vez que vivem em um estado tão insensível, egoísta e febril.

Tenha tato

As pessoas com capacidade de se comunicar de forma eficaz sempre tiveram muito tato — são interessantes e não ofendem. Algumas pessoas têm a qualidade peculiar de tocar no que há de melhor em nós. Outras trazem à tona o pior: toda vez que estão diante de nós, elas nos irritam. Há ainda as pessoas que são alegres e agradáveis: nunca tocam em pontos delicados, irradiam tudo o que é espontâneo, doce e belo.

Abraham Lincoln era mestre na arte de se fazer interessante para todos com quem encontrava. Ele deixava as pessoas à vontade com suas histórias e piadas, fazia com que se sentissem tão confortáveis em sua presença que se abriam para ele sem reservas. Desconhecidos ficavam sempre alegres em conversar com Lincoln, porque ele era bastante cordial e pitoresco, e sempre dava mais do que recebia.

Um senso de humor como o de Lincoln é, sem dúvida, um ótimo complemento para o poder de conversação de um indivíduo. No entanto, nem todos conseguem ser engraçados. E se a pessoa que carece de senso de humor tentar ser engraçada, acaba se mostrando ridícula.

Os bons conversadores, no entanto, não são sérios demais. Não nos oprimem com detalhes mínimos. Como fatos e estatísticas podem ser enfadonhos, eles os complementam com ilustrações e histórias divertidas para deixar claros alguns pontos. Ter vivacidade é estritamente necessário. Um tópico de conversa pesado pode ser desagradável. Mas, cuidado: se for leve demais, embora possa ser divertido, pode não nos ajudar a alcançar nosso objetivo.

Para ser um bom comunicador, portanto, devemos ser espontâneos, leves, naturais, simpáticos. Precisamos demonstrar um espírito de boa vontade. Devemos ter um espírito prestativo e entrar de corpo e alma nas coisas que interessam aos outros. Devemos atrair e prender a atenção das pessoas, cativando seu interesse, e só podemos fazer isso através de uma forte empatia — uma empatia amigável e verdadeira. Se formos frios, distantes e antipáticos, não conseguiremos prender a atenção delas.

Tenha a mente aberta e seja tolerante. As pessoas que violam o limite do que é palatável, o senso de justiça e o senso de equidade nunca se interessam pelos outros. Elas voltam todas as abordagens para o seu próprio eu interior, e a conversa ocorre de modo superficial, mecânico e sem vida ou sentimento.

Para obter sucesso, em qualquer lugar, precisamos transformar o poder de expressão em linguagem interessante, eficaz e forte. Não precisamos fazer um inventário de nossos bens para desconhecidos, de modo a apresentar nossas conquistas.

Nossa atitude, o espírito que irradiamos e nossa personalidade têm relação direta com habilidade de conversação que possuímos. A impressão que passamos terá um grande papel em seu sucesso. Por isso, seja convincente e dê a impressão de maestria, o que já é vencer metade da batalha.

Aprenda e lembre de nomes

Lembre-se: o nome de uma pessoa é, para ela, o som mais doce e mais importante em qualquer idioma.

DALE CARNEGIE

Quando você encontrar uma pessoa que não conhece, faça um esforço especial para aprender seu nome. Muitas vezes os nomes acabam sendo murmurados quando somos apresentados a alguém, sobretudo quando mais de uma pessoa é apresentada ao mesmo tempo. Se o nome não ficou claro, não é indelicado pedir que seja repetido. Usar o nome durante a conversa ajuda a gravá-lo em nossa mente.

Siga estas sugestões:

- Determine a parte do nome a ser usada. Os norte-americanos em geral usam o primeiro nome, a menos que o interlocutor seja muito mais velho ou uma autoridade, nessa caso usam Sr./Sra. até que a pessoa diga: "Pode me chamar apenas pelo primeiro nome, por favor." Em outras culturas existe uma tendência a usar sempre o formal "Sr.", "Sra." e "Srta.", ou um título: "Dr.", "Professor" etc., a menos que sejamos convidados a ser menos formais.
- Crie uma imagem mental ligando o nome à pessoa. Não pense em palavras — pense em imagens. Quando encontramos Julie, nós a imaginamos adornada com

joias, "jewelry", em inglês; Sandy nos faz lembrar de uma *praia*, associando a "sand", "areia" em inglês; e George é visualizado como às margens de um *desfiladeiro*, *"gorge"* em inglês.

- Repita o nome da pessoa na conversa, mas não exagere, para não parecer falso. Aproximadamente uma vez a cada três ou quatro minutos de conversa e ao final.
- Se o nome for igual ou similar ao de algum parente, amigo ou outra pessoa que você conhece, imagine a nova pessoa com essa pessoa.
- O mais importante é usar o nome exaustivamente, até que fique bem-gravado em nossa mente.

Saiba informações sobre a outra pessoa

Quando conhecemos alguém, é importante obter o máximo de informações a seu respeito. Uma das maneiras de conseguir isso é fazendo perguntas, mas cuidado para que não vire um interrogatório. Apenas algumas poucas perguntas bem-escolhidas dão início à conversa e a fazem fluir.

Esse é um processo delicado, pois não queremos dar a impressão de que somos intrometidos. Devemos fazer apenas aquelas perguntas apropriadas para a situação em que estamos envolvidos. Por exemplo, algumas perguntas são adequadas quando se conversa com uma pessoa sobre um assunto de negócios, outras, apenas em situações sociais e assim por diante.

Em uma situação social, as perguntas sobre onde se vive, hobbies ou interesses, família ou conhecidos são bons pontos de partida. Existem outras boas maneiras de começar uma conversa, como falar sobre escolas ou faculdades frequentadas, acontecimentos recentes, ou selecionar um comentário feito pela outra pessoa e fazer perguntas acerca do tema.

Ao encontrarmos pessoas em um ambiente de negócios, bons pontos de partida são perguntas sobre o setor e a empresa que a pessoa representa, sobre notícias que afetem tal setor e sobre a natureza do cargo ou da carreira do outro.

Não é necessário fazer uma lista prévia de perguntas. Quando a conversa estiver em andamento, os comentários e as respostas fluem com naturalidade.

Estilos de conversação

A maneira como nos comunicamos com os outros, seja em uma conversa particular ou falando para um grupo, pode influenciar o modo como os outros nos veem. Podemos ser percebidos como passivos, agressivos ou assertivos.

Algumas das características manifestadas pelas pessoas passivas são:

- Preocupam-se mais com os outros e, com frequência, em detrimento de si próprias.
- Com frequência estão estressadas internamente, embora isso possa não transparecer para os outros.
- Têm propensão à baixa autoestima.
- Preocupam-se mais em ser amadas do que respeitadas.
- Auxiliam os outros, mesmo que isso as prejudique.
- Assumem a culpa em vez de culpar os outros.
- Evitam confronto.
- Quando é necessário agir, elas solicitam de forma indireta, na forma de uma sugestão ou de um desejo.

O oposto do estilo passivo é a abordagem agressiva. As pessoas agressivas manifestam estas características:

- São excessivamente egocêntricas.
- Estão com frequência estressadas internamente.
- Carecem de autoestima, mas não admitem isso nem para si mesmas.
- Em geral, não são apreciadas nem respeitadas pelos outros.
- Colocam os outros para baixo através de sarcasmo ou comentários depreciativos.
- Tentam controlar tudo e todos.
- Quando ocorrem erros ou falhas, colocam a culpa nos outros e nunca se consideram responsáveis por isso.
- Gostam de confronto e criam situações de conflito com pessoas de opiniões contrárias.
- Quando em posição de poder, forçam os outros a segui--las.
- Com frequência cometem indelicadezas verbais em relação aos adversários.
- Quando é necessário agir, elas o fazem por meio de uma exigência ou de um comando.

Comunicadores eficazes ficam no meio-termo. Eles são confiantes e assertivos.

- Lutam por seus direitos, mas são sensíveis aos direitos da(s) pessoa(s) com quem estão falando.
- Se estiverem estressados, enfrentam o problema e seguem em frente.
- Têm uma autoimagem forte e positiva.

- São diretos e honestos.
- Ganham o respeito dos outros.
- Demonstram apreço pelos outros.
- Confessam seus próprios erros e falhas e esperam que os outros também o façam.
- Não buscam o confronto. Se os outros discordarem, eles trabalham para persuadi-los a aceitar seu ponto de vista através de uma discussão objetiva e sem ameaças.
- Estão sempre dispostos a ouvir os outros.
- Quando é preciso agir, declaram o que deve ser feito e trabalham com os outros para a realização da ação.

Não é fácil mudar nossa personalidade. Porém, para sermos melhores comunicadores — e em caso de identificarmos nosso estilo como passivo ou agressivo —, devemos nos esforçar para alcançar a abordagem confiante-assertiva.

Nossa personalidade ao telefone

Sempre que pegamos o telefone — seja para fazer ou receber uma ligação — estamos deixando uma impressão na pessoa do outro lado da linha. Muitas vezes, a única imagem que a pessoa tem de nós e de nossa empresa deriva dessa conversa.

Na comunicação cara a cara, há várias ferramentas que nos ajudam a causar boas (ou más) impressões: nossas expressões faciais, nossos gestos e o uso que fazemos de acessórios ou recursos visuais. Com o telefone, há apenas uma ferramenta: nossa voz. As pessoas, em sua maioria, não se ouvem exatamente como são ouvidos pelos outros. A melhor maneira de obter um conceito verdadeiro de como é nossa voz para os outros é gravar várias chamadas telefônicas e avaliá-las a partir de sua reprodução. O mais importante, claro, é como soa nossa fala. Como observado, ouça as gravações e faça as mudanças necessárias para melhorar a qualidade de sua voz.

Nossa atitude
Uma das principais características para lidar com os outros de maneira eficaz é ser amigável. Parecemos amigáveis ou aborrecidos nas gravações? O telefonema pode ter sido feito em um momento inoportuno. Podemos estar pressionados por um chefe exigente, um prazo, uma crise no departamento, mas nosso interlocutor não sabe disso, ou não se importa. Devemos nos disciplinar para colocar tudo o que não tem relação com o telefonema fora de nossa mente.

Se estivermos chateados com alguma coisa, antes de pegar o telefone precisamos respirar fundo, relaxar e espairecer a mente. Devemos manter a calma e ser atenciosos para que a impressão que desejamos causar — um interesse envolvente no que a pessoa está dizendo — seja projetada.

Táticas ao receber chamadas telefônicas

Atenda ao telefone sem demora. Em uma situação profissional, o telefone não deve tocar mais de três vezes antes de ser atendido. Se estiver em outra ligação, use a secretária eletrônica ou coloque a chamada atual em ESPERA, atenda a nova chamada e solicite que a pessoa aguarde por alguns minutos, ou anote o número e ligue de volta depois. Se pretender se afastar de sua mesa por mais do que poucos minutos, providencie alguém para receber as chamadas ou coloque a secretária eletrônica para atender após três toques.

Sempre diga quem você é imediatamente. Em vez de dizer "Alô", diga "Departamento de Engenharia, Sam Johnson, bom dia". Você não pode pressupor que o interlocutor saiba quem você é. Se não conhecer o interlocutor, pergunte seu nome. Se for um nome incomum, peça que soletre. Anote-o. Ao responder, use o nome do interlocutor. Isso demonstra um interesse sincero na pessoa e em seu problema.

Se não puder responder às perguntas do interlocutor dentro de poucos minutos é melhor avisar que ligará de volta em vez de deixar o interlocutor esperando por um tempo longo. Se ele preferir ficar na espera ou se você levar mais tempo do que o previsto para responder, volte com frequência para que o interlocutor saiba que não foi abandonado.

Um dos aspectos mais irritantes ao se telefonar para uma empresa é dizerem que você será transferido para outra pessoa e, em seguida, cair a ligação. Se for necessário transferir uma ligação, sempre diga o nome da pessoa para quem o interlocutor será transferido e dê-lhe o ramal ou o número de telefone dela (se for diferente do seu). Também é uma boa ideia obter o número do interlocutor, de modo que, mesmo caindo a ligação, você possa retornar.

Responda não apenas a questões diretas, como também a objeções implícitas. Quando Martha ligou para o correio para reclamar do recebimento de uma mercadoria danificada, ela pareceu chateada quando lhe disseram para devolver a mercadoria na agência mais próxima. O atendente do SAC reconheceu sua preocupação e lhe disse no mesmo instante que ela não precisaria se deslocar até a agência mais próxima, mas que eles iriam providenciar que uma coleta fosse feita em sua casa.

Ao antecipar a preocupação do interlocutor, o atendente do SAC fez com que o cliente se sentisse melhor. Além disso, também ganhou uma admiradora para a empresa.

Táticas ao fazer chamadas telefônicas
O início e o fim de uma conversa ao telefone são críticos. Devemos começar a ligação com uma atitude de acolhimento que demonstre nossa satisfação por falar com o interlocutor e nosso reconhecimento da importância da chamada. Se a pessoa não nos conhecer, devemos dizer quem somos e por que estamos ligando.

"Bom dia, Sra. Samuels. Como mãe que tem seus filhos em nossas escolas, sei que a senhora se preocupa com a qualidade da educação nesta cidade. Aqui é Blanche H., gerente de campanha de Diane McGrath, que está concorrendo para dirigir o conselho escolar."

Após fazer a apresentação, ouvir e responder às perguntas, conclua de maneira positiva. "Obrigada por sua atenção. Espero vê-la na reunião do conselho na próxima terça-feira."

Planeje todas as ligações antes de pegar o telefone. Se tiver que percorrer vários itens em uma chamada, faça uma lista. Anote os principais pontos que deseja abordar em cada um desses itens. Siga seu planejamento ao falar, e a ligação se realizará de modo mais eficaz e em menos tempo.

Ouça a outra pessoa. As respostas dela podem fazer com que sejam necessários ajustes no seu planejamento original.

Faça perguntas e preste muita atenção às respostas. Isso é válido para todos os tipos de comunicação, mas sobretudo para conversas telefônicas, porque não existe a vantagem de ver os sinais não verbais expressos nas relações presenciais. Aprenda a "ler" as nuances de mudanças nas inflexões e nos tons de voz. Pense na mensagem que pretende enviar a partir do ponto de vista do interlocutor.

Conversa fiada
A "conversa fiada" não tem nada de insignificante. Esse estilo de conversa, que foge ao estilo empresarial, tem o potencial de estabelecer conexões e se tornar alicerce para relacionamentos duradouros.

Tornar-se adepto da conversa fiada não requer um conhecimento profundo dos acontecimentos atuais. Requer apenas a capacidade de focar no tema favorito da outra pessoa — e fazer perguntas que demonstrem interesse. Até mesmo falar sobre o tempo pode ser um tema para quebrar o gelo. Esta é uma maneira infalível de estabelecer conexão.

Seja um ouvinte melhor

Fazer perguntas que induzam à boa informação é o primeiro passo para conhecer pessoas. Porém, não adianta escolher bem as perguntas e ouvir sem atenção as respostas, pois agindo assim vamos obter apenas uma fração das informações fornecidas. Aperfeiçoar nossas habilidades de ouvinte é importante em todo tipo de conversa.

Algumas técnicas para ajudá-lo a se tornar um ouvinte melhor serão discutidas no próximo capítulo.

Lista de verificação da eficácia na conversação

Repasse algumas conversas recentes — sejam presenciais ou por telefone.

- Você sorriu? Mesmo por telefone, um sorriso é detectado na voz e em nossa atitude.
- Se apropriado, você usou a conversa fiada para quebrar o gelo?
- Você se lembrou do nome da pessoa e o utilizou?
- Você estabeleceu uma conexão com o interlocutor através da observação de suas características, valores ou realizações?
- Você estabeleceu interesses em comum?
- Você mostrou respeito pelo tempo da outra pessoa?
- Você mostrou sensibilidade em relação às questões de diversidade e evitou assuntos polêmicos?
- Você demonstrou um desejo sincero de aprender sobre a pessoa através de perguntas atenciosas?
- Você ouviu integralmente e concentrou-se no que a pessoa estava dizendo?
- Você perguntou como podia ajudar?
- Você conversou sobre temas que interessavam a outra pessoa?
- Você contou ao interlocutor algo interessante que ele podia ainda não saber?

- Você fez um elogio sincero ou um comentário positivo com base em fatos?

Pontos importantes

Práticas corretas para a boa conversação

- *Esteja preparado.* Um bom comunicador envolve seus ouvintes e estimula a conversa. Aperfeiçoe suas habilidades de conversação mantendo-se atualizado com as tendências e os acontecimentos.
- *Saiba o nome da outra pessoa* e utilize-o durante a conversa.
- *Estabeleça contato visual.* Olhar para a outra pessoa é uma indicação de que a estamos ouvindo. No entanto, não olhe fixamente para ela, nem diretamente nos olhos. Em vez disso, mova seus olhos para observar o rosto inteiro da pessoa.
- *Fale de maneira clara e audível.* Se nos pedem com frequência para falarmos alto ou para repetirmos, provavelmente não estamos falando de maneira clara. Grave e ouça suas conversas.
- *Busque ajuda profissional de um fonoaudiólogo* para superar vícios da fala.
- *Use linguagem e imagens familiares ao ouvinte.* Tiramos mais proveito de uma conversa com alguém que fala e pensa como nós do que com alguém que usa vocabulário de modo diferente.

- *Fale de acordo com o estilo de linguagem do interlocutor.* Use palavras diferentes e mais inflexões quando falar com pessoas do meio empresarial do que quando conversar com adolescentes na rua.
- *Atenha-se ao tema.* Algumas pessoas vão querer entrar em nossa conversa para mudar o foco para si mesmas ou para algo sobre o qual conheçam melhor.
- *Saiba quando falar e quando ouvir.* Conversar envolve dar e receber. Uma das pessoas envolvidas em uma conversa precisa falar e a outra precisa ouvir. Participe, mas não monopolize.
- Demonstre interesse no que está sendo dito. Reconheça declarações assentindo, fazendo um comentário ou uma pergunta, quando o momento for apropriado.
- Faça perguntas abertas para promover a comunicação — ou seja, perguntas que exijam mais do que um "sim" ou um "não" como resposta.

Práticas erradas para a boa conversação

- Não fale muito rápido, nem muito devagar. Todos já participamos de conversas com pessoas que falavam tão rápido que não conseguíamos acompanhar suas ideias, ou tão devagar que, quando terminavam de expressar seu pensamento, tínhamos perdido o fio da meada.
- Não sussurre ou fale para dentro.
- Não fale muito baixo, nem muito alto. Avalie o volume de sua voz pela proximidade ou distância de seu(s) ouvinte(s).

- Não monopolize a conversa. Dê à(s) outra(s) pessoa(s) a oportunidade de falar.
- Não se vanglorie ou se autoelogie. Uma conversa deve ser um intercâmbio de ideias e pensamentos — não uma sessão de egos.
- Não faça da conversa um interrogatório. As perguntas devem ser apresentadas de maneira não agressiva, de modo amigável. Use perguntas abertas para que a outra pessoa possa expressar suas ideias livremente.
- Não interrompa. Deixe a outra pessoa completar seu comentário antes de apresentar o seu.
- Não fale em cima do que a outra pessoa está dizendo. Falar enquanto a outra pessoa ainda está falando não só é falta de educação como também pode contribuir para que percamos o que ela está querendo dizer.
- Não feche sua mente para o que está sendo dito. Ter uma mente aberta é essencial para entendermos o ponto de vista do outro.

CAPÍTULO 3

Ouça! Realmente ouça!

Você realmente ouve? Suponha que um de seus colegas lhe traga um problema e lhe peça ajuda. Você pode começar ouvindo com atenção, mas, antes que perceba, sua mente pode divagar. Em vez de ouvir o problema, você está pensando na pilha de trabalho em sua mesa, na ligação telefônica que planejava fazer antes de seu colega entrar na sala, na discussão que teve com sua filha enquanto a levava para a escola de manhã. Você ouve as palavras do colega, mas não está de fato ouvindo.

Isso acontece com todos nós. Por quê? Porque nossas mentes podem processar ideias consideravelmente mais rápido do que somos capazes de falar. Quando alguém está falando conosco, nossa mente tende a se adiantar, e completamos mentalmente a frase da pessoa que fala — às vezes com acerto, mas muitas vezes de maneira equivocada. Ouvimos o que nossa mente diz, mas não o que é dito de verdade.

Tal é a natureza humana. Porém, isso não é desculpa para ser um mau ouvinte. Faça o teste a seguir para descobrir se você é um bom ouvinte.

Avalie suas habilidades de ouvir os outros

Responda "sim" ou "não" para as perguntas a seguir:

1. Você fica interrompendo quando alguém está tentando lhe dizer algo?
2. Você olha para outros materiais durante a conversa?
3. Você chega a uma conclusão antes de ouvir a história toda?
4. Sua linguagem corporal sinaliza falta de interesse?
5. Você ouve apenas o que quer e bloqueia o resto?
6. Você demonstra impaciência com a pessoa que está falando?
7. Você gasta mais tempo falando do que ouvindo?
8. A sua mente divaga durante a conversa?
9. Você pensa em como vai contestar ou responder enquanto a outra pessoa está falando?
10. Você ignora os sinais não verbais do falante, que lhe dizem que ele quer sua resposta?

Se você respondeu "sim" para alguma dessas perguntas, deve se concentrar na melhoria de suas habilidades de escuta.

Tornando-se um ouvinte ativo

O ouvinte ativo não apenas presta muita atenção ao que a outra parte diz. Ele também faz perguntas, comentários e reage verbal e não verbalmente ao que é dito.

Uma das maneiras de melhorar sua habilidade de ouvir é adotar um papel ativo. Em vez de apenas ficar sentado ou de pé com os ouvidos abertos, siga estas orientações:

- Olhe para a pessoa que fala. O contato visual é uma maneira de mostrar interesse, mas não exagere. Olhe para a pessoa como um todo, não se fixando apenas em seus olhos.
- Mostre interesse através de suas expressões faciais. Sorria ou demonstre preocupação, quando for apropriado.
- Indique que está seguindo a conversa anuindo com a cabeça ou através de gestos.
- Faça perguntas sobre o que está sendo dito. Você pode parafrasear: "Então, pelo que entendi..." ou fazer perguntas específicas sobre pontos específicos. Essa técnica não apenas possibilita que você esclareça pontos que possam não estar claros, como também o mantém alerta e prestando total atenção.
- Não interrompa. Uma pausa pode não ser um sinal para você começar a falar. Espere sua vez.
- Seja um ouvinte compreensivo. Ouça com o coração e com a razão. Tente sentir o que as outras pessoas estão sentindo quando falam. Em outras palavras, coloque-se no lugar da pessoa que está falando.

Seis estratégias para fazer de você um ouvinte melhor

Podemos nos tornar melhores ouvintes e evitar uma das principais causas da escuta ineficaz antes que uma conversa tenha início. Tudo o que precisamos fazer é adotar umas poucas mudanças em nosso ambiente de trabalho e em nossa abordagem para ouvir:

1. Ajuste seu correio de voz para pegar todas as chamadas telefônicas no mesmo instante. Uma das distrações mais comuns é provavelmente o telefone. Queremos dar total atenção à pessoa que está falando conosco pessoalmente. Atender um telefonema não apenas interrompe a conversa presencial como também atrapalha o fluxo de nossos pensamentos. Mesmo depois de termos desligado o telefone, nossa mente ainda pode continuar pensando na ligação.

    Se não for possível colocar o telefone no correio de voz, devemos ficar longe do aparelho. Uma boa alternativa é a de nos dirigirmos para uma sala de reunião vazia. Mesmo que haja um telefone, o aparelho provavelmente não tocará, uma vez que ninguém sabe que estamos ali.
2. Esconda os papéis. Se nossa mesa estiver repleta de papéis, provavelmente daremos uma passada de olhos neles e, até perceber que é tarde demais, estaremos lendo uma carta ou um relatório, em vez de ouvir. Ao nos dirigirmos para uma sala de reunião, devemos levar apenas os papéis relacionados à discussão. Caso a reunião ocorra em nossa sala, precisamos colocar os papéis em uma gaveta da nossa mesa, para não ficarmos tentados a lê-los.
3. Não fique em uma posição confortável demais. Robert L. conta sobre uma situação particularmente embara-

çosa: "Alguns anos atrás, eu estava discutindo uma situação com outro gerente. Como de costume, sentei-me em minha confortável cadeira executiva, com as mãos atrás da cabeça. Talvez eu tenha me balançado um pouco, mas, por sorte, dei-me conta antes de chegar a cochilar. Desde então, quando participo de discussões, em vez de ficar em uma posição relaxante, procuro sentar na ponta da cadeira e me inclinar para a frente, sem me recostar. Essa posição não apenas me deixa fisicamente mais próximo da outra pessoa, como também permite que eu fique mais atento, além de me ajudar a manter contato visual. Isso também mostra à outra pessoa que estou de fato interessado em ouvir a história completa que ela está relatando e que levo a sério o que está sendo dito. E, como não estou em uma posição muito confortável, há menos chances de sonhar acordado."

4. Não pense sobre sua resposta. Pode ser tentador pegar um ou dois pontos do que a pessoa está falando e planejar o que vamos responder. Se fizermos isso, provavelmente perderemos muito do que está sendo dito e, com frequência, o que é realmente importante. Precisamos nos concentrar no que é dito durante todo o processo.

5. Seja um ouvinte compreensivo. Não devemos confundir compreensão com compaixão. Compreensão é nos colocarmos no lugar da outra pessoa, para saber como ela se sente. Compaixão é sentirmos pena por uma situação que a pessoa enfrenta. Um ouvinte compreensivo entenderá de maneira mais profunda o que a pessoa que está falando quer de fato transmitir.

6. Tome notas. É impossível lembrar tudo o que foi dito em uma discussão longa. Mesmo que façamos uso de taquigrafia, anotações longas nos impedem de ouvir de forma plena. Devemos apenas anotar palavras ou frases-chave. Só precisamos escrever números ou fatos importantes o suficiente para ajudar a lembrar das situações. Logo após uma reunião, enquanto a informação ainda estiver fresca em nossa cabeça, cabe escrever um resumo detalhado. Devemos ditá-lo em um gravador, inseri-lo em um computador ou escrevê-lo em um caderno, o que for melhor para nós.

Quando lidar com pessoas, lembre-se de que você não está lidando com criaturas lógicas, mas com criaturas emotivas.

DALE CARNEGIE

Sete tipos de ouvintes

Os ouvintes em geral se enquadram em uma das categorias a seguir:

Os "inquietos"
Essas pessoas parecem estar sempre com pressa e estão o tempo todo olhando em volta ou fazendo outra coisa. Também conhecidas como pessoas "multitarefa", não conseguem ficar sentadas e ouvir em silêncio.

Se você for um ouvinte inquieto, procure colocar de lado o que estiver fazendo quando alguém falar com você.

Se você estiver lidando com um ouvinte inquieto, pode perguntar: "Essa é uma boa hora?", ou dizer: "Preciso de sua total atenção por apenas um momento." Comece com uma afirmação que atraia a atenção dele, seja breve e vá direto ao ponto, porque a capacidade de concentração de um ouvinte inquieto é pequena.

Os *"fora de órbita"*
Essas pessoas estão presentes física, mas não mentalmente. Você pode perceber pelo olhar vazio em seu rosto. Elas estão sonhando acordadas ou pensando em qualquer outra coisa, menos no que você está dizendo.

Se você for um "fora de órbita", aja como um bom ouvinte. Fique alerta, mantenha contato visual, incline-se para a frente e mostre interesse fazendo perguntas.

Se estiver lidando com um "fora de órbita", pergunte de vez em quando se ele entendeu o que você estava dizendo. Da mesma forma que acontece com os "inquietos", comece com uma afirmação que atraia a atenção dele, seja conciso e vá direto ao ponto, porque a capacidade de concentração de um "fora de órbita" também é pequena.

Os *que "interrompem"*
Essas pessoas estão prontas para dialogar a qualquer momento. Só aguardam uma brecha para que possam completar a frase para você. Em vez de ouvirem o que você tem para falar, estão concentradas no que elas querem dizer.

Se você for uma pessoa que interrompe, procure desculpar-se toda vez que perceber. Isso fará com que você tenha mais consciência desse problema.

Se você estiver lidando com uma pessoa que interrompe, pare imediatamente e deixe-a falar assim que ela interferir, ou ela nunca vai ouvi-lo. Quando a pessoa terminar, retome: "Como eu estava dizendo..." e, então, dê continuidade ao que estava falando.

Os "tanto faz"

Essas pessoas permanecem indiferentes e demonstram pouca reação quando ouvem. Dão impressão de que não estão nem um pouco interessadas no que você está falando.

Se você fizer parte dos "tanto faz", concentre-se na mensagem como um todo, e não apenas na mensagem verbal. Trate de ouvir com os olhos, com os ouvidos e com o coração.

Se você estiver lidando com um "tanto faz", dramatize suas ideias e faça perguntas a fim de que ele se envolva.

Os "combativos"

Essas pessoas são armadas e prontas para a guerra. Elas gostam de discordar e culpar os outros.

Se você é um ouvinte "combativo", faça um esforço para se colocar no lugar da pessoa que está falando e entenda, aceite e encontre mérito no ponto de vista dela.

Para lidar com esse tipo de ouvinte, quando eles discordam ou apontam a culpa, se a crítica for coerente, agradeça e tome as medidas adequadas; se não for coerente, em vez de argumentar, diga que você aprecia suas sugestões e, em seguida, dê continuidade à sua mensagem.

Os "analistas"

Essas pessoas assumem constantemente o papel de conselheiro ou terapeuta e estão sempre prontas para lhe fornecer respostas, mesmo sem você pedir. Julgam-se grandes ouvintes e adoram ajudar. Estão sempre analisando e corrigindo o que você diz.

Se você for um analista, relaxe e entenda que nem todo mundo está procurando uma resposta, uma solução ou um conselho. Algumas pessoas simplesmente gostam de rever as ideias dos outros para ajudá-los a enxergar as respostas de maneira mais clara.

Se você estiver lidando com um analista, pode dizer logo de início: "Eu só preciso que você acompanhe o meu raciocínio, não estou procurando nenhum conselho."

Os "participativos"

Esses são os ouvintes conscientes. Ouvem com os olhos, os ouvidos e o coração, e tentam se colocar no lugar da pessoa que está falando. Ouvem no mais alto nível. Suas habilidades de escuta são um incentivo para que você continue falando, dando-lhe oportunidade de descobrir suas próprias soluções e deixando que suas ideias se multipliquem.

> Você pode fechar mais negócios em dois meses, demonstrando interesse pelas pessoas, do que em dois anos, ao tentar fazer com que elas se interessem por você.
>
> DALE CARNEGIE

Observe a linguagem corporal

Não transmitimos informações apenas através de palavras. O que falamos muitas vezes é modificado pelo modo como usamos nosso corpo, nossas expressões faciais, nossos gestos, nossa maneira de sentar ou de ficar em pé: tudo isso transmite um significado.

Não seria ótimo se pudéssemos comprar um dicionário de linguagem corporal para consultar o significado de cada gesto ou de cada expressão? Depois, poderíamos interpretar o que todos estão de fato dizendo.

Algumas pessoas tentaram escrever tais "dicionários" por meio da enumeração de uma variedade de "sinais" diferentes e da identificação de seus significados. Por exemplo, a outra pessoa afaga o queixo. O que isso pode significar? "Ah! Eu sei. Ele está ponderando sobre a situação." De fato, esta é uma opção, mas talvez ele apenas não tenha se barbeado pela manhã e seu queixo esteja coçando.

A pessoa à sua frente está sentada com os braços cruzados. A interpretação de alguns "especialistas" é a de que tal postura significa que a pessoa está se fechando em si mesma, bloqueando e rejeitando você. Tolice! Olhe para uma sala cheia de gente durante uma aula, uma palestra ou uma performance teatral. Você vai notar que muitas pessoas estão sentadas com os braços cruzados. Isso significa que estão rejeitando o orador ou os atores? Claro que não. É um modo confortável de a pessoa se sentar e, se estiver com frio, manter-se aquecida. Por outro lado, se no meio da conversa a outra parte de repente cruzar os braços, pode significar que, naquele momento, ela não concorda com você.

Não há linguagem corporal universal

Isso não significa que alguém não possa fazer uma leitura da linguagem corporal. O que isso demonstra é que não há uma linguagem corporal universal. Cada um de nós tem sua própria maneira de expressar ideias, sentimentos e nuances de forma não verbal.

E por que isso acontece? A linguagem corporal é uma característica adquirida. Temos tendência a imitar as outras pessoas. Isso começa com nossos pais e, muitas vezes, está intimamente relacionado com nossa origem étnica. Dois meninos nasceram em Detroit, estado de Michigan, mas seus pais imigraram para os Estados Unidos de países diferentes. Uma das famílias procedia de um país onde era comum se expressar através de gestos. As pessoas falavam gesticulando com as mãos. A outra família vinha de um país onde ninguém gesticulava, salvo em situação de extrema emoção. Os dois meninos se conheceram na escola. O primeiro estava discutindo uma situação à sua maneira habitual — agitando as mãos de modo descontrolado. O segundo menino pensou: "Meu Deus! Ele está animado com isso." Então respondeu com seu habitual modo calmo, e o primeiro menino pensou: "Ele não está interessado."

As diferenças culturais também afetam o modo de se utilizar a comunicação não verbal. Após o roubo de dinheiro da cantina de uma escola de Nova York, o diretor falou com todos os estudantes que tiveram acesso ao caixa. Após as conversas, ele concluiu que fora uma menina latino-americana quem cometera o delito, e a suspendeu. Uma assistente social fez uma visita ao diretor para averiguar o caso e perguntou por que ele tinha achado que a menina era a ladra. Ele respondeu: "Todos os outros alunos me olharam direto nos olhos e disseram que não tinham feito aquilo. A menina não me olhou nos olhos. Ela olhou para baixo durante toda a entrevista. Ela é culpada, obviamente."

A assistente social disse: "Senhor diretor, uma menina latino-americana bem-educada é ensinada a nunca olhar diretamente no rosto de uma personalidade tão elevada como um diretor, mas a olhar com recato para o chão quando estiver falando com ele." A diferença cultural gerou a linguagem corporal e foi mal-interpretada pelo diretor.

Um padrão semelhante pode ser determinado pelos hábitos familiares. Quando alguém fala com um membro da família de Esther, eles respondem muitas vezes assentindo com a cabeça. A maioria de nós interpretaria essa atitude como um gesto de concordância. Porém, como Esther salientou quando questionada a respeito, isso quer dizer que eles demonstravam que estavam prestando atenção.

Estude os sinais não verbais de cada pessoa
Como a linguagem corporal é um aspecto importante da comunicação, existe alguma maneira para que possamos aprender a lê-la? Não existe uma abordagem perfeita para a leitura da linguagem corporal. A única maneira de obter uma interpretação razoavelmente boa das ações e reações não verbais de uma pessoa é conhecer o interlocutor com quem estamos nos comunicando.

Quando lidamos com as mesmas pessoas repetidas vezes, podemos aprender a ler a linguagem corporal de cada uma delas através de uma observação cuidadosa. Você consegue perceber que, quando Claudia concorda com você, ela tende a inclinar-se para a frente. Já Paul, nessa mesma situação, pende a cabeça para a direita. Você pode observar que Esther assente, independente do que você diz. Porém, quando ela não tem certeza de algo, um olhar confuso surge em seu rosto, embora ela concorde com a cabeça.

Ao fazer notas mentais cuidadosas sobre cada pessoa com quem se comunica, você será capaz de perceber as pistas não verbais e interpretá-las corretamente. Depois de algum tempo, poderá notar que alguns gestos e expressões são mais comuns entre umas pessoas do que entre outras. A partir dessas pistas, você poderá fazer algumas generalizações quando for lidar com pessoas recém-conhecidas, mas deverá ter cuidado para não colocar crédito demais nessas interpretações até que tenha mais experiência com elas.

Quando a linguagem corporal parecer contradizer ou distorcer o significado das palavras que estão sendo ditas, ou quando você não tiver certeza do real significado do sinal enviado, faça uma pergunta. Leve a pessoa a comunicar verbalmente o que de fato ela pretende dizer. Ao fazer perguntas adequadas, você pode eliminar as dúvidas induzidas pelas ações não verbais e ser capaz de lidar com elas.

O ciclo de comunicação

Os bons ouvintes reconhecem que a comunicação é como um *walkie-talkie*. O emissor envia uma mensagem para o receptor e o receptor responde. Nesse momento o receptor torna-se o emissor e o emissor torna-se o receptor. Em todas as nossas comunicações, seja com amigos, em família, em atividades so-

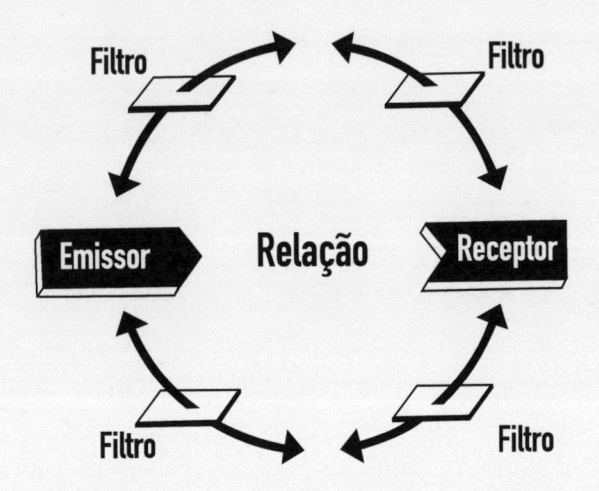

```
       Filtro              Filtro
         ↘    ↗    ↖    ↙

  [Emissor]    Relação    [Receptor]

         ↗    ↖    ↙    ↘
       Filtro              Filtro
```

ciais e comunitárias, ou no trabalho, estamos mudando constantemente de papéis de emissor para receptor e vice-versa. Se não reconhecermos que estamos sempre desempenhando esse papel duplo, nossas mensagens podem degringolar para um ataque verbal tempestuoso a uma pessoa, e nenhuma comunicação de fato ocorrerá.

Assim como em qualquer conversa por *walkie-talkie*, pode ocorrer uma estática entre o rádio do emissor e o rádio do receptor, causando distorção na mensagem. Eles filtram a mensagem, de maneira que o que foi recebido não foi exatamente a mesma mensagem enviada. Isso é ainda mais provável de acontecer quando a mensagem é longa ou aborda assuntos complexos. Essas distorções podem emanar do emissor ou do receptor.

Como a mensagem foi recebida?
Na comunicação, alternamos entre a posição de emissores e receptores. Devemos ser bons ouvintes quando somos o

receptor, mas também devemos ter certeza, quando enviamos uma mensagem, de que o receptor escutou o que enviamos.

É assim que funciona: o emissor envia uma mensagem para o receptor; o receptor responde. Quando a resposta é recebida, o emissor, que se tornou o receptor, filtra-a através do computador que todos nós temos entre as orelhas, que foi programado para buscar pistas sobre como a mensagem foi recebida. Se o que foi enviado não era o que foi recebido, pode ser feita uma correção na próxima mensagem.

Myra: Mike, preciso saber quais equipamentos estão disponíveis, quais materiais estão em estoque, quais são as estimativas de prazo e quais pessoas serão designadas para o projeto.

Mike: Temos todos os materiais de que precisamos e podemos começar o trabalho na segunda-feira.

Myra: Ótimo, mas eu ainda preciso dos números de cada um dos itens que mencionei para que eu possa escrever o meu relatório.

Quando Mike recebeu a mensagem de Myra, seu pensamento estava orientado para começar o trabalho. O objetivo de Myra era obter informações para seu relatório. A mensagem estava distorcida pela percepção que cada um tinha em relação ao propósito da comunicação. Isso foi corrigido pela resposta seguinte de Myra. Ela pegou a pista e agiu a partir dela.

Faça perguntas
Nem sempre é fácil entender todos os sinais. Para aumentar a probabilidade, faça perguntas. Após cada quatro ou cinco falas, faça uma pergunta, para obter uma reação ao que foi abordado até esse ponto.

"Quais problemas você prevê que possam ser resolvidos se fizermos desta maneira?"

"Quanto tempo extra seus funcionários precisarão para completar essa fase?"

A partir das respostas às suas perguntas você terá pistas adicionais e fará os ajustes necessários. Quando as questões envolvidas são complexas, para ter certeza de que a comunicação foi recebida e entendida, faça algumas perguntas específicas sobre pontos-chave. Isso identificará rapidamente áreas com problemas e possibilitará o esclarecimento imediato.

Observe os sinais não verbais

O Dr. Kim P., engenheiro-chefe de uma unidade técnica, adverte: "Meus funcionários são profissionais altamente conhecedores de seus campos de atuação. Eles costumam se adiantar e antecipar o que vou dizer. Muitas vezes eles têm razão, mas há momentos em que me interrompem antes de eu terminar, supondo que sabem o que vou lhes dizer. Para evitar isso, observo a linguagem não verbal deles com atenção — os olhos, as expressões faciais e a linguagem corporal. Caso eu perceba que eles já não estão mais ouvindo, paro de falar por uns segundos e, após uma pausa, faço uma pergunta específica sobre o que eu disse. Isso os traz de volta aos trilhos."

Loren supervisiona várias pessoas que têm conhecimento limitado do inglês. Ela depende da observação da linguagem corporal para obter um *feedback*. Ela diz: "Se percebo uma expressão vazia no rosto deles ou um acentuado franzir de testa, sei que não consegui passar minha mensagem. Repito-a com palavras mais simples e demonstro de forma não verbal o que tem de ser feito."

Quando você é o receptor

Seu chefe está dando instruções e você não tem certeza absoluta do que se trata. Crie seu próprio ciclo de comunicação. Faça perguntas.

Não espere até o final da fala, quando ele perguntar: "Você tem alguma pergunta?" Durante toda a conversa, em momentos apropriados, faça uma pergunta relacionada ao que acabou de ser dito.

Isso pode ser feito por meio de uma paráfrase: fale algo como "Então, o modo como o senhor quer que isso seja feito é..." e reafirme com suas próprias palavras como você interpretou a instrução. Se estiver errado, poderá haver o esclarecimento e, se estiver certo, a aprovação imediata será reforçada.

Em alguns casos, uma pergunta específica sobre determinado ponto incrementa sua interpretação e evita erros que poderiam ter sido cometidos. Ao final da orientação, você não apenas tem uma visão clara do que deve ser feito, como seu chefe também está ciente de que você sabe.

Pontos importantes

Para ser um ouvinte eficaz:

- Ouça de modo compreensivo. Tente sentir o que a outra pessoa está sentindo quando fala.
- Elimine todas as distrações. Desligue o telefone, remova todos os papéis não pertinentes à conversa.
- Esclareça quaisquer incertezas depois que a outra pessoa falar. Tenha certeza de que entendeu o que foi dito, reformulando o que você ouviu.

- Tente ver, de maneira honesta, as coisas pelo ponto de vista da outra pessoa.
- Não tire conclusões precipitadas ou faça suposições. Mantenha uma atitude aberta e de aceitação.
- Demonstre interesse através de suas expressões faciais. Sorria ou demonstre preocupação quando apropriado.
- Indique que está seguindo a conversa anuindo com a cabeça ou através de gestos.
- Faça perguntas sobre o que está sendo dito. Você pode parafrasear: "Então, pelo que entendi..." ou fazer perguntas específicas sobre pontos determinados. Isso não apenas possibilita que você esclareça pontos, como também o mantém alerta e com atenção total.
- Não interrompa! Uma pausa não deve ser interpretada como um momento para você começar a falar. Espere.
- Observe a linguagem corporal da pessoa que está falando.
- Utilize o ciclo de comunicação. O que foi dito pode não ser o que foi recebido. Procure os filtros e supere-os. Para retomar o caminho certo, reafirme seu ponto de vista e faça perguntas pertinentes.

CAPÍTULO 4
———

Falando em público com confiança e convicção

Quando são realizados levantamentos sobre os medos das pessoas, falar em público invariavelmente está no topo da lista. Ao contrário dos outros medos, tais como morte, doença ou perda do emprego, superar a fobia de falar em público é relativamente fácil.

Dale Carnegie expressou isso de modo sucinto:

Existe alguma dúvida de que você não consegue pensar tão bem em uma posição perpendicular diante da plateia do que quando está sentado? Há alguma razão para que você sinta um frio na barriga e se torne uma vítima dos "tremores" quando se levanta e enfrenta uma plateia? Com certeza, você percebe que essa condição pode ser remediada, que o treinamento e a prática afastarão seu medo de falar em público e lhe darão autoconfiança.

Preparação — o primeiro passo para conversas bem-sucedidas

Ao fazer um discurso em público, é essencial estar bem-preparado. Como fazer isso em uma situação de negócios será discutido no próximo capítulo. Se, no entanto, formos solicitados a falar na aula de um filho, em uma reunião da associação de moradores ou para qualquer outro grupo, e tivermos que escolher um tema, o melhor caminho é falar sobre algo que conhecemos e sabemos. Não gaste dez minutos nem dez horas preparando uma apresentação: gaste dez semanas ou dez meses — melhor ainda, gaste dez anos.

Devemos falar sobre algo que tenha despertado nosso interesse. Precisamos escolher algo que desejamos muito comunicar aos nossos ouvintes.

Dale Carnegie conta a história de um dos membros de sua classe: Gay K. Gay nunca tinha feito um discurso em público antes de se matricular no curso de estratégias para falar em público do Sr. Carnegie.

Ela estava apavorada. Temia que falar em público pudesse ser uma arte obscura e muito além de suas habilidades. Contudo, na quarta sessão do curso, quando fez uma palestra improvisada, deixou a plateia encantada. Gay foi convidada para falar sobre o tema "A maior tristeza de sua vida". Ela, então, fez uma palestra profundamente comovente. Os ouvintes mal puderam conter as lágrimas. Até mesmo o Sr. Carnegie teve dificuldade para conter as lágrimas. Sua apresentação foi assim:

"A maior tristeza da minha vida é nunca ter conhecido o amor de mãe. Minha mãe morreu quando eu tinha apenas 1 ano de idade. Fui criada por uma sucessão de tias e outros parentes que estavam tão absorvidos com seus próprios filhos que não tinham tempo para mim. Nunca fiquei com nenhum deles por muito tempo. Eles ficavam sempre aborrecidos ao me ver chegando e contentes ao me ver indo embora. Nunca tiveram interesse em mim, nem me deram um pouco de afeto. Eu sabia que não era querida. Mesmo sendo uma criança, eu podia sentir. Muitas vezes chorei até dormir por causa da solidão. O desejo mais profundo do meu coração era ter alguém que pedisse para ver meu boletim da escola. Mas ninguém nunca pediu. Ninguém se importava. Tudo o que eu precisava na infância era de amor — e ninguém nunca me deu isso."

Gay despendeu dez anos preparando a apresentação? Não. Ela tinha levado vinte anos. Tinha se preparado para fazer aquela palestra quando chorava até dormir quando era criança. Tinha se preparado para fazer aquela palestra quando seu coração doía porque ninguém pedia para ver seu boletim da escola. Não é de admirar que ela pudesse falar sobre esse assunto. Ela não poderia ter apagado aquelas recordações da infância de sua mente. Gay tinha redescoberto um depósito de recordações e sentimentos longínquos em suas profundezas. Não precisou estimulá-los. Não teve que trabalhar para fazer aquela apresentação. Tudo o que precisou fazer foi deixar que seus sentimentos reprimidos e recordações viessem à tona.

Oradores que falam sobre o que a vida lhes ensinou nunca deixam de prender a atenção de seus ouvintes.

DALE CARNEGIE

Preparando uma apresentação quando o assunto é desconhecido

Muitas vezes, podemos ser convidados a falar a respeito de um assunto sobre o qual temos pouca ou nenhuma experiência. Isso normalmente ocorre quando se trata de uma apresentação de negócios. O objetivo de grande parte dessas apresentações é obter algum tipo de ação: um compromisso de compra de um cliente, o próximo passo no meio de um projeto longo, uma decisão para mudança de direção, todos esses são exemplos de apresentações comuns.

Ao preparar esse tipo de comunicação, comece com o desfecho em mente — a ação que queremos que nossos ouvintes adotem — e trabalhe de trás para a frente a partir desse ponto. Então, quando fizermos a apresentação, buscaremos um exemplo/caso que chame a atenção e prepare o caminho para a ação desejada. Ao reconstruir nitidamente um caso, podemos fazer com que isso seja a base para influenciar o comportamento dos outros. É a evidência que convence o público a agir. Ao comunicar o exemplo, devemos recriar um segmento de nossa experiência, de modo que ele possa causar o mesmo efeito que teve originalmente sobre nós em nossos ouvintes. Isso nos dará a oportunidade para esclarecer, intensificar e dramatizar nossos pontos de vista a fim de que se tornem interessantes e atraentes para nossos ouvintes.

Depois, é necessário obter, a partir de pesquisa, o máximo de informação possível. Um bom apresentador deve conhecer pelo menos dez vezes mais do que o necessário sobre o assunto que será abordado na palestra. Desenvolva evidências para apoiar sua apresentação. O uso eficaz de evidência será discutido no Capítulo 6.

Por fim, prepare o desfecho. A maneira como finalizamos a apresentação tem demonstrado ser uma das melhores formas de motivar os ouvintes a agir. Veremos que terminar com o benefício — a partir do ponto de vista do público — produz resultados favoráveis.

A fórmula mágica para apresentações dinâmicas
Podemos evitar fazer apresentações chatas, incoerentes e desconexas usando uma abordagem em três etapas de fácil aplicação. Tal abordagem torna nossa apresentação, de forma mágica, um discurso forte e vibrante.

A fórmula mágica consiste em três etapas:

> *Exemplo:* citar um exemplo ou uma história que ilustre o que planejamos fazer é uma maneira infalível de obter e manter a atenção de nossos ouvintes;
> *Ação:* em seguida, indique qual atitude você quer que o público tome;
> *Benefício:* conclua mostrando como essa atitude beneficiará o público.

Se quisermos persuadir os outros, devemos estar alertas e enérgicos. Devemos falar com sinceridade e animação. Devemos falar de modo que nossos ouvintes sintam que acreditamos em cada palavra que pronunciamos.

Exemplo
Ao *apresentar* seu relato, sempre comece com um exemplo. Por quê? O exemplo capta a atenção imediata de nossos ouvintes e faz com que nossa comunicação pareça uma conversa.

Ao usar a fórmula mágica, certifique-se de que nossas etapas de ação e de benefício sejam breves, claras e específicas. O caso é o relato de uma experiência que nos ensinou uma lição. Lembre-se, a nossa abordagem deve comunicar que tipo de atitude queremos que nossos ouvintes tomem. Quanto mais específica for a etapa de ação, melhor. Para comunicar de forma clara, identifique uma ação e um benefício específicos.

Atitude (objetivo)
A segunda etapa da fórmula mágica, a ATITUDE, é o que queremos que o público faça: comprar nosso produto, escrever para o representante deles no Congresso, parar de fumar, pensar mais sobre um assunto etc. Invista pelo menos três vezes mais tempo na preparação do que na transmissão de sua mensagem.

Benefício
A terceira etapa da fórmula mágica é a do BENEFÍCIO que os ouvintes vão receber ao fazer o que é pedido na etapa de ATITUDE.

Por exemplo:

"Ao usar esse componente você reduzirá o tempo gasto e baixará o custo na fabricação de seu (nome do produto)."

"Parar de fumar não apenas nos torna mais saudáveis e nos permite viver mais tempo, como também mantém nossas famílias longe dos perigos do fumo passivo."

Fale a partir do ponto de vista do ouvinte
Nossa capacidade de inspirar os outros a aceitar a mudança depende muito da nossa capacidade de nos comunicar a partir do

ponto de vista de nossos ouvintes. No início da apresentação, devemos desenvolver a confiança dos nossos ouvintes. Obter a atenção desejada e estabelecer a necessidade de se considerar a mudança devem ser passos efetuados rapidamente. O uso de um exemplo é um modo eficaz de fazer isso. Para que os ouvintes sejam convencidos, devem visualizar uma evidência que, do ponto de vista deles, sirva de modo claro à necessidade declarada de mudança. O público não deve perceber que está sendo conduzido à mudança — ele deve perceber a mudança como a opção lógica.

Após estabelecer a necessidade de mudança, devemos ilustrar tanto as vantagens quanto as desvantagens de cada alternativa. Devemos ter a preocupação de garantir que as alternativas sejam consideradas a partir do ponto de vista de nossos ouvintes e que sejam consideradas e comunicadas de uma forma equilibrada e confiável.

Concluímos com a evidência para embasar o que acreditamos ser a melhor alternativa e declaramos qual atitude tomar e os benefícios dela. Desse modo, inspiramos nossos ouvintes a adotar a mudança específica que produzirá os resultados desejados.

Como preparar e fazer apresentações

Aqui estão oito princípios que vão ajudar bastante no preparo de apresentações:

1. Faça pequenas anotações dos pontos interessantes que você quer mencionar.

2. Não escreva por extenso as apresentações. Se fizer isso, você usará a linguagem escrita em vez da linguagem oral, que é mais fácil. Além do mais, quando se levantar para falar, você provavelmente vai parar para tentar lembrar o que escreveu. Isso vai impedi-lo de falar com naturalidade e entusiasmo.
3. Nunca, nunca decore uma palestra palavra por palavra. Se você decorar a apresentação, pode estar certo de que vai esquecê-la e de que o público provavelmente ficará feliz, pois ninguém quer ouvir um discurso enlatado. Mesmo que você não esqueça, soará como se tivesse decorado. Você estará com um olhar e um tom distante.
4. Se, em um discurso longo, você tiver medo de esquecer o que pretendia dizer, faça algumas pequenas anotações e dê uma passada de olhos nelas de vez em quando.
5. Preencha a apresentação com ilustrações e exemplos. A maneira mais fácil de tornar uma apresentação interessante é recheá-la com exemplos.
6. Conte histórias para ilustrar os pontos importantes. Diga como você ou alguém que conhece aplicou aquele ponto. Dê exemplos específicos aprendidos a partir de pesquisas sobre o assunto.
7. Torne-se uma autoridade no assunto. Desenvolva este bem de valor inestimável conhecido como *poder de reserva*. Saiba pelo menos dez vezes mais do que o necessário sobre o assunto a ser abordado na apresentação.
8. Ensaie o discurso conversando com amigos. Não se trata necessariamente de um ensaio geral, mas de testar o ponto de vista que será utilizado nas conversas com

outras pessoas para saber qual será a reação delas. Isso permite descobrir como suas piadas serão recebidas e quais comentários vão provocar o interesse das pessoas, além de proporcionar uma reação que, claro, não é possível obter apenas em um ensaio diante do espelho.

Adicione poder ao exemplo

Para nos comunicarmos de maneira eficaz devemos usar mais do que apenas nossa voz. Devemos, também, demonstrar animação com gestos. Em outras palavras, precisamos usar o corpo inteiro. Gestos espontâneos, fortes e naturais são extremamente poderosos, por dois motivos:

1) Os gestos estimulam e inspiram o orador. Os gestos despertam, aliviam as tensões e relaxam. Ao utilizá-los, nos soltamos física, mental e emocionalmente.

2) Os gestos também causam impacto nos ouvintes. O efeito emocional que os gestos têm sobre os ouvintes é evidente e, às vezes, até dramático. Basta pensar sobre alguns dos maiores comunicadores do mundo. Em quase todos os casos, o uso de gestos naturais espontâneos contribui para a eficácia do orador e do impacto de sua mensagem.

Tenha cuidado com a maneira como você usa seu corpo diante de uma plateia.

NÃO fique com as pernas e os braços cruzados.

NÃO coloque nenhum objeto à frente de seu corpo, tais como bolsas, papéis ou uma xícara de café.

NÃO fique com os pés afastados.

NÃO cruze os braços.

NÃO mantenha a cabeça para baixo com os olhos no púlpito (lendo o script).

Mantenha a cabeça ereta, queixo para cima e peito aprumado.

Mantenha os ombros para trás.

Mantenha contato visual com o grupo.

Sorria de maneira natural.

> Como a maioria de nós perde a espontaneidade e a naturalidade da juventude à medida que envelhece, tendemos a nos limitar a um molde definido de comunicação física e oral. Ficamos menos dispostos a usar gestos e a demonstrar animação... em suma, perdemos nosso frescor e a espontaneidade da verdadeira conversa.
>
> DALE CARNEGIE

Cinco passos para melhorar a articulação verbal

Para algumas pessoas a má articulação verbal e a pronúncia carregada reduz a eficácia do discurso — e diversas vezes muitos de nós não sabem como o nosso desempenho oral é, de fato, percebido pelas outras pessoas. Não nos ouvimos como os outros nos ouvem. Como observado na conversa telefônica, apenas ao ouvir uma gravação cuidadosa de nossa fala é que podemos perceber como é o som da nossa voz realmente. Porém, se fizéssemos isso lendo vários parágrafos de uma revista, por exemplo, não seria realista. Nossa voz deve ser gravada sem estarmos conscientes de que estamos sendo gravados. Um modo simples de fazer isso é deixar ligado um gravador de voz sobre a mesa durante um dia. Todas as nossas conversas daquele dia — seja pessoalmente ou ao telefone — serão gravadas. Depois, ouvindo as gravações, vamos saber se temos algum problema de fala.

Melhore a articulação verbal

Danny, que é supervisor, balbucia ao dar ordens ou instruções a seus funcionários. Suas palavras brotam indistintamente e é difícil entender o que ele diz. Entretanto, como seus funcionários têm vergonha de lhe dizer que está balbuciando, preferem adivinhar o que ele quer dizer — e muitas vezes adivinham errado. O que resulta em erros, prazos perdidos e outros problemas.

Carrie é muito inteligente. Tem um raciocínio rápido e fala depressa demais, pois está sempre tentando acompanhar seus pensamentos. Infelizmente, seus ouvintes não conseguem acompanhá-la e perdem boa parte do que diz.

Com Darryl ocorre exatamente o contrário. Ele fala muito devagar. Embora seja fácil entender o que diz, seus ouvintes muitas vezes se adiantam, antecipando o que acham que ele pretende dizer — muitas vezes de forma incorreta.

Terry, Merry e Jerry interpõem sons, palavras ou frases extras em seus discursos. Terry acrescenta "er" entre todas as palavras; Merry interpõe "Né!?" ao final de cada frase e Jerry dá ênfase a cada fala com "Ok!". Chamamos esses acréscimos, ou similares, de sons que depreciam, ou expressões "bigode".

Esses são alguns dos problemas mais comuns em relação à articulação verbal. Em sua maioria, as pessoas que têm esses problemas nem sequer percebem que falam dessa maneira. Ao ouvir as gravações de suas vozes, percebem que estavam balbuciando, falando rápido demais ou muito devagar, ou que estavam acrescentando sons, palavras ou expressões às suas sentenças.

Tudo o que é preciso para corrigir esses problemas é a conscientização e, ao ouvir com cuidado a gravação do próprio discurso, a correção dos deslizes. Quando as pessoas se dão conta de que balbuciam, procuram fazer um esforço a fim de parar de balbuciar. Quando as pessoas se dão conta de que a cada cinco ou seis palavras falam "Né!?", procuram parar de dizer isso.

Supere os defeitos da fala

Se uma pessoa tiver um defeito sério de discurso, como gagueira ou balbucio, são grandes as chances de ela evitar situações que exijam muita comunicação verbal. Entretanto, nos últimos anos, foram feitos muitos avanços para ajudar tais pessoas. Um exemplo famoso é o de Anne Glenn, esposa do senador John Glenn, que superou um grande problema de gagueira e, quando o marido se candidatou ao cargo, fez discursos de campanha para ele.

Ivan foi da Rússia para os Estados Unidos e, embora tivesse aprendido o inglês em sua terra natal, sua pronúncia era muito difícil de ser entendida pelos norte-americanos. Apesar de engenheiro qualificado, o crescimento em sua carreira foi dificultado por conta do seu problema de fala. Por sugestão de um conselheiro de carreira, buscou ajuda de uma fonoaudióloga. Em menos de um ano a pronúncia de Ivan tinha melhorado tanto que ele foi promovido a uma posição gerencial, na qual precisou se comunicar com executivos dentro e fora da empresa.

Existem diversos consultórios de fonoaudiólogos e o tratamento pode ser muito útil para pessoas que apresentem defeitos de fala de todos os tipos ou dificuldade para entender pronúncias estrangeiras.

O tom é essencial

Claude fala em um mesmo tom. Não é difícil entender o que ele está dizendo. Sua dicção é muito boa. Entretanto, é difícil manter a atenção nele, porque não aprendeu a usar inflexão e modulação de voz. As pessoas que falam com apenas um tom não conseguem manter o interesse de seus ouvintes. Assim como nos outros problemas de fala, os oradores não se dão conta quando falam em um único tom. Ouvir uma gravação vai revelar isso e, uma vez conscientes, eles poderão fazer esforços visíveis para superar o problema.

Escolha o ritmo adequado

A velocidade com que falamos também afeta a mensagem. Se desejarmos transmitir urgência ou animação, é melhor aumentar o ritmo. De nada adianta falar devagar para pedir que nossa equipe aumente o ritmo a fim de cumprir determinado prazo: não vamos conseguir nem chegar perto do sentimento de urgência desejado.

Por outro lado, se quisermos que algo fique gravado na mente, devemos falar de modo mais lento. "Tivemos muitas reclamações sobre a qualidade de nosso trabalho, se cada — um — de vocês — levar — um — minuto — a mais — para verificar — seu — trabalho, isso pode ser superado."

Controle o volume da voz

Aumentar e abaixar o volume da voz em uma mensagem falada é o equivalente a adicionar grifos a uma página impressa. A voz deve ser aumentada ou abaixada conforme o contexto da mensagem.

Atenção: é tentador gritar quando se quer enfatizar um ponto específico. Gritar pode provocar distração ou até transmitir um efeito negativo. O volume deve ser controlado para que nunca se fale muito alto nem baixo demais. Se tivermos consciência de que temos uma voz alta, é muito importante controlar o volume com atenção. Isso é de extrema importância nos discursos públicos, em que se pode usar microfone. O volume muito alto pode distorcer com facilidade a própria voz quando amplificado. Se a voz for naturalmente baixa ou alta, prestar atenção à forma como ela é reproduzida e projetada ajudará a controlar o volume.

Se ao falarmos, seja na esfera privada ou na pública, seguirmos essas sugestões, seremos compreendidos com mais facilidade. Além disso, causaremos uma impressão mais favorável em nossos ouvintes.

Doze maneiras de fazer com que nossos ouvintes gostem de nós

Para conquistar um público simpático a nossas mensagens devemos fazer com que nossos ouvintes gostem de nós. Aqui estão 12 princípios testados e comprovados para conquistar ouvintes e influenciar plateias.

1. Considere-se honrado por ter sido convidado a se apresentar para uma plateia — e diga isso!
Independente da sua área e de seu destaque, quase sempre é um elogio ser convidado para falar a um grupo. É uma questão de cortesia e boas maneiras reconhecer tal honra. Esta é uma das maneiras de fazer com que uma plateia goste de você.

2. Faça agradecimentos sinceros aos seus ouvintes.
Nunca fale diante de qualquer grupo sem saber, de antemão, o máximo possível a respeito de tal grupo. De posse dessa informação, passe alguns segundos lembrando o público de algumas características boas ou incomuns, que fazem com que você sinta orgulho por ter sido escolhido como orador.

3. Sempre que possível, mencione os nomes de alguns ouvintes.
O nome de uma pessoa é o som mais doce para ela mesma em qualquer idioma. Por isso, *sempre que possível*, mencione os nomes de algumas pessoas na plateia. Observe que, quando figuras políticas falam em um comício, quase sempre mencionam os nomes de autoridades locais que estão presentes.

4. *Subestime-se — não superestime-se!*

A modéstia em geral inspira confiança e boa vontade. Por exemplo, Abraham Lincoln era um mestre nisso. Certa noite, durante os debates entre Lincoln e Douglas, Lincoln foi reverenciado com uma serenata de uma banda de metais. Quando ele saiu para a varanda pouco iluminada do hotel a fim de falar com a banda, alguém ergueu uma lanterna para que o público pudesse ver o rosto familiar de Lincoln. Então, Lincoln começou dizendo: "Meu amigos, quanto menos vocês me verem mais irão gostar de mim." Lincoln conhecia a sabedoria do conselho bíblico: "Aquele que se humilhar, será exaltado."

5. *Diga "nós" — não "você".*

Nunca tome uma atitude condescendente para com os ouvintes. Traga todos eles para uma conversa utilizando "nós" em vez de "você".

O orador diz: "Quando *você* estiver preocupado, deve se ocupar a ponto de *você* não ter tempo para pensar em *seus* problemas" — se o orador continua repetindo "você", a impressão é de que ele está fazendo a palestra e desvalorizando o público.

Em vez disso, diga: "Quando *nós* estivermos preocupados, devemos *nos* manter tão ocupados que não teremos tempo para pensar sobre *nossos* problemas."

Percebe a diferença? Quando usamos a palavra "você", nos tornamos ofensivos ao parecer que adotamos uma atitude de superioridade.

Uma precaução: o uso exclusivo do pronome "nós" tende a fazer com que um orador passe a impressão de ser igualmente condescendente.

6. Não fale com "uma expressão carrancuda e um tom de repreensão".

Lembre-se de que a expressão facial e o tom de nossa voz muitas vezes falam mais alto do que as palavras. Independente de estarmos falando em particular ou em público, não podemos fazer amigos com cara carrancuda e voz de repreensão.

> Há um velho provérbio chinês que você e eu deveríamos guardar de cor. É assim: "Um homem sem uma fisionomia sorridente não deve abrir uma loja."
>
> DALE CARNEGIE

---

7. Fale de acordo com os interesses dos ouvintes.

Todos os ouvintes sempre se interessam de forma intensa por si mesmos e em como resolver seus problemas. Isso é tudo o que conta. Assim, se lhes mostrarmos uma forma de ser felizes, de ganhar mais dinheiro, de parar de se preocupar e de conseguir o que querem, eles vão ouvir com prazer — independente do nosso tipo de voz, de como respiramos, nos posicionamos, olhamos, gesticulamos ou da formalidade de nossa fala.

Por exemplo, quando perguntada sobre como conseguia fazer amigos com tanta facilidade e como tinha se tornado uma oradora mais interessante, uma gerente de vendas relatou que simplesmente perguntava às pessoas: "Como você começou em seu ramo de atuação?" Em seguida, ela concentrava sua conversa na resposta recebida. Ela declarou que essa simples pergunta fazia maravilhas, sobretudo com desconhecidos.

Antes de abordar um grupo, descubra quais são seus principais interesses e faça alusão a eles na conversa.

8. Divirta-se ao fazer uma palestra.

A menos que gostemos de falar, como podemos esperar que alguém queira ouvir? Não importa quais sejam nossas atitudes mentais ou emocionais, elas estão fadadas a serem contagiosas. Se estivermos nos divertindo ao falar, cantar ou praticar um esporte, as pessoas que estão nos assistindo ou nos ouvindo também estão propensas a se divertir. As atitudes emocionais são tão contagiosas quanto o sarampo.

Alguém pode se perguntar: "Como posso me divertir para valer fazendo uma palestra?" O segredo é simples: fale sobre algo que você goste de falar, algo que coloque um brilho em seus olhos e sentimento em sua voz.

9. Não peça desculpas.

Todos nós já ouvimos palestrantes começarem dizendo algo do tipo: "Eu não sabia que daria essa palestra até duas semanas atrás, quando o diretor me disse que precisaria substituir um colega." E que tal esse comentário de abertura? "Como estou meio enferrujado para falar em público..." Esses palestrantes estão se desculpando antes mesmo de começar.

Nunca devemos aceitar um convite para falar se não formos capazes de dar a atenção devida à preparação. Se dermos nosso melhor, não será necessário pedir desculpas. Se não dermos nosso melhor, nenhuma desculpa será aceita. As desculpas são, em geral, uma irritante perda de tempo para o público.

Entretanto, se nos atrasarmos devido a problemas de voo, de trem, ou por alguma razão da mesma forma justificável, podemos explicar as circunstâncias. Faça isso de maneira breve e peça desculpas educadamente. Logo em seguida, dê prosseguimento à apresentação, sem perder mais tempo.

10. Apele para os sentimentos mais nobres do público.

Inspirar o público por meio dessas grandes emoções não é fácil. Primeiro, devemos estar animados, e nem sempre estamos de fato. Para conquistar a plateia para nossa causa, devemos mostrar como o que estamos propondo pode tornar possível, de alguma forma, o mundo melhor. Forneça-lhes um exemplo.

Quando Susan Earl estava pedindo doações para seu centro de caridade favorito, Heifer International, ela contou como o simples fato de fazer uma pequena doação tornaria possível a uma família na Índia comprar uma cabra. Esse animal forneceria leite para as crianças e um pequeno rendimento proveniente da venda do excedente.

Uma vez acesa essa faísca de sentimento nobre, a chama se espalha pelo orador e pelo público da mesma forma — o brilho caloroso dessa experiência será lembrado por muito tempo.

> Essa é a era da dramatização. Simplesmente afirmar uma verdade não é suficiente. A verdade tem de ser vívida, interessante e dramática. Você tem de usar a teatralidade. Os filmes fazem isso. A TV faz isso. E você vai ter de fazer isso, se quiser atenção.
>
> DALE CARNEGIE

---

11. Aceite a crítica — em vez de ficar ressentido com ela.

Provavelmente nenhum outro cientista tenha sido criticado ou denunciado de modo tão ultrajante quanto Charles Darwin por sua teoria da evolução. Entretanto, ele nunca proferiu uma única palavra ríspida contra seus críticos. Em vez disso, agradeceu-lhes, dizendo que o principal objetivo de sua vida era revelar o conhecimento e descobrir a verdade e que, ao buscar a verdade, duas mentes eram melhores do que uma. "Se eu estiver errado", disse ele, "quanto mais cedo eu for golpeado e aniquilado, tanto melhor."

12. Seja sincero

Mesmo uma grande eloquência não vai compensar falta de sinceridade e integridade. Para fazer com que o público goste de nós devemos inspirar confiança em relação à honestidade de nosso propósito. A plateia pode não concordar com nossas ideias, mas deve respeitar nossa *crença* nessas ideias, se quisermos ser eficazes.

Acolha bem a crítica e responda com respeito e humildade. O que somos fala mais alto do que o que dizemos. A sinceridade, a integridade, a modéstia e o desprendimento afetam o público profundamente.

É preferível um orador desajeitado que irradia honestidade e desprendimento do que um orador polido que tenta impressionar com sua eloquência.

Apresentando e agradecendo a um palestrante

Ao mediarmos uma reunião ou uma mesa-redonda que tenha chamado um palestrante, provavelmente seremos chamados para apresentar o convidado. A introdução (apresentação) do palestrante serve como uma forma de separar o que já foi dito e o novo discurso. Isso prepara o público para que preste total atenção à pessoa que está sendo apresentada e ao assunto a ser abordado.

A apresentação do palestrante também serve para identificar os pontos em comum entre o orador e o público, preparando a plateia para aceitar o palestrante em função de suas credenciais e para a relação entre o que ele vai oferecer e o que o público está interessado em ouvir. Isso é chamado de método T-I-P.

T — Primeiro, mencione o *título* ou *tema* da apresentação.

I — Identifique por que o tema é importante ou de *interesse* para o público.

P — Apresente as qualificações do *palestrante*, que devem ser mencionadas a fim de estabelecer a credibilidade do mesmo sobre o tópico a ser apresentado. Depois disso, anuncie o nome do palestrante.

Preparando a apresentação de um palestrante

A abordagem TIP não é apenas uma maneira eficaz de apresentar um palestrante, como também deve ser usada para grupos. Prepare uma introdução por escrito. Certifique-se de que esteja impressa ou escrita em letras suficientemente grandes de modo a poder ser lida sem dificuldade da tribuna.

Mostre a apresentação à pessoa que fará a introdução bem antes da realização da mesma. Peça à pessoa para ler. Responda quaisquer perguntas que possam surgir. Encoraje a pessoa que vai apresentá-lo a ser breve, positiva e entusiasmada no momento da apresentação.

Apresentando a si mesmo

Quando tiver de fazer sua própria introdução, a sequência de eventos muda um pouco. O primeiro item seria o seu nome e a empresa ou organização à qual é filiado. Em seguida, apresente o tema da palestra e sua importância para o público. Ao apresentar suas qualificações, indique aqueles aspectos de sua formação que sejam relevantes ao tema e à ocasião.

Agradecendo ao apresentador

Na qualidade de mediador de uma reunião, você pode se ver obrigado a expressar agradecimentos aos palestrantes por suas apresentações. Agradeça ao palestrante, reconhecendo sua contribuição ou o valor da mensagem ao público. O procedimento deve ser sucinto. Você está, basicamente, estendendo agradecimentos em nome do grupo como um todo.

Orientações para agradecer ao palestrante, usando o método A I D

A — Primeiro, *agradeça* ao palestrante utilizando o nome dele.

I — Em seguida, cite uma área de *interesse* específica da apresentação que tenha significado para o público.

D — Por fim, faça uma *declaração formal* agradecendo ao palestrante e, mais uma vez, use o nome completo dele.

Pontos importantes

Pontos-chave para um discurso eficaz
- Descubra o máximo possível sobre o grupo a ser abordado.
- Saiba pelo menos dez vezes mais do que o necessário sobre o assunto a ser abordado na apresentação.
- Comece contando um caso que ilustre o(s) ponto(s) principal(is).
- Apresente evidência para fundamentar o(s) ponto(s).
- Preste atenção à articulação verbal, à gramática, ao tom e ao ritmo.
- Inclua animação e variação vocal.
- Diga de maneira clara a atitude que os ouvintes devem adotar.
- Aponte-lhes o benefício de adotar essa atitude.
- Esteja preparado para responder perguntas desafiadoras.
- Mantenha a compostura profissional sob pressão.
- Comunique-se através de mensagens claras, concisas e positivas.
- Venda ideias estratégicas a si próprio e à organização.
- Comunique-se com competência e confiança.

CAPÍTULO 5

Fazendo grandes apresentações para grupos

A finalidade da maioria das apresentações de negócios é obter algum tipo de ação. Pode ser um compromisso de compra de um cliente, uma decisão para mudar uma prática ou um procedimento, a aceitação de um plano ou projeto etc. Mesmo as apresentações que parecem ser simples "atualizações" exigem alguma decisão ou ação por parte de alguém.

Para obtermos os resultados que buscamos com nossa comunicação, nossa apresentação deve ser bem-preparada. Ela deve começar de um modo que cative e mantenha o interesse do nosso público e terminar de modo que seja clara e motivacional.

> Seu objetivo é fazer com que o público veja o que você viu, ouça o que você ouviu, sinta o que você sentiu. O detalhe relevante, expresso através da linguagem concreta e colorida, é o melhor modo de recriar o episódio como realmente aconteceu e retratá-lo para o público.
>
> DALE CARNEGIE

Quem é o público?

Satisfazer as expectativas desconhecidas de um público é tão difícil quanto acertar um alvo invisível. Pode ser feito, mas é uma forma incerta de buscar sucesso. Parte do processo de preparação consiste em fazer uma pesquisa para reunir as seguintes informações sobre o público:

Conhecimento sobre o assunto
Procure saber o quanto o público sabe sobre o assunto. "O público está mais bem-informado do que eu?" Nunca enfrente uma plateia sem estar preparado, nunca caia na armadilha de achar que o ouvinte é ignorante no assunto e também nunca desvalorize seus ouvintes.

Quando o advogado Stanley L. começou sua apresentação para os supervisores do City National Bank abordando as mudanças recentes feitas na legislação trabalhista, detalhando e esclarecendo as novas disposições, percebeu que seus ouvintes pareciam entediados e inquietos.

No primeiro intervalo ele conversou com algumas pessoas e ficou sabendo que elas tinham participado há pouco tempo de um seminário sobre o assunto. Se Stanley tivesse se empenhado em procurar saber que tipo de conhecimento prévio os supervisores dispunham nessa área, não teria escolhido falar durante tanto tempo sobre o básico, que eles já conheciam, e sim sobre as implicações legais — aspectos que não tinham sido abordados no treinamento anterior deles.

Formação
O nível de qualificação e a sofisticação do público também são importantes, porque podem determinar a posição que queremos adotar em relação à questão. Se a plateia for composta por pessoas com formação técnica ou profissional, o palestrante pode adaptar a apresentação ao nível dos ouvintes. Se os participantes da reunião forem em sua maioria trabalhadores com treinamento especializado, podemos preparar exemplos e técnicas de acordo com suas especialidades.

Experiência
Essa consideração não diz respeito apenas à experiência que o público tem, mas a que nível e em qual ambiente. A experiência em um laboratório é significativamente diferente da experiência no campo ou no chão de fábrica. O público vai se dar melhor com exemplos e ilustrações dos pontos apresentados que se encaixem com sua experiência específica.

Necessidades
Para fazer com que os ouvintes possam ir para casa satisfeitos e felizes por terem assistido à palestra, é aconselhável atender às suas necessidades. A teoria é importante na construção de

evidência, mas devemos mostrar, afinal, como a teoria pode ser traduzida em ação.

Desejos

Semelhante às necessidades são os desejos almejados pelo público. Desejos e necessidades nem sempre são a mesma coisa. Se nós apenas atendermos às necessidades, fica difícil satisfazer uma plateia e movê-la para a ação.

Sally L. gerenciava uma butique que vendia bolsas, bijuterias e acessórios a preços altos. Ela sentiu-se frustrada quando o primeiro palestrante, no seminário do qual ela participou, falou apenas sobre os principais requisitos necessários para operar uma loja de sucesso. As sugestões dele eram interessantes, mas não a deixaram entusiasmada. Entretanto, o segundo palestrante falou sobre os sonhos que tinha sobre a loja perfeita. Sally ficou totalmente atenta e entusiasmada, porque aquela abordagem expressava não apenas o que ela precisava, como também as características que ela poderia almejar.

Metas

Determine as metas de seu público e não as tire da mente quando planejar sua apresentação. Antes que o consultor de recursos humanos Allan L. preparasse seu discurso, sobre benefícios dos empregados para os funcionários de RH de uma empresa cliente, ele discutiu com o gerente de RH sobre quais eram as metas de curto e longo prazo que este tinha para seu departamento. Allan pôde, então, orientar sua apresentação em direção a tais metas, em vez de falar em termos gerais.

Qual é a finalidade?

Existem apenas algumas finalidades para uma apresentação. A seguir estão as mais comuns:

Convencer
A finalidade de muitas apresentações é simplesmente levar o público a fazer alguma coisa. O desafio é persuadir a plateia a tomar uma decisão ou a tomar uma atitude.

Informar
Outra finalidade é apresentar informações para esclarecimento de nossos ouvintes. Esse formato concentra-se em clareza e compreensão.

Motivar
Quando o público precisa mudar sua opinião ou adotar uma medida desagradável, a finalidade da apresentação é motivar. A finalidade da motivação em geral anda lado a lado com a finalidade do convencimento.

Entreter
Em certo sentido, toda apresentação deve entreter. Para que o público esteja em uma sintonia favorável e aberto para ser convencido, esclarecido ou motivado, ele precisa se divertir. O entretenimento não tem necessariamente o humor como base, apesar de poder ser grande parte disso. No sentido mais amplo, entreter uma plateia é fazer com que ela fique feliz por estar ali e por nos ter como oradores.

Qual é a mensagem?

Parece não ser necessário abordar a importância de ter uma mensagem, mas infelizmente as apresentações às vezes não contêm nenhuma mensagem ou, pelo menos, nenhuma mensagem de fácil percepção. As apresentações podem ser vagas em relação ao assunto ou conter tantas mensagens embutidas que tornem impossível a identificação de qualquer coisa significativa. Os bons palestrantes sabem qual é a mensagem e a mantêm em mente durante toda a preparação, de modo que a apresentação permaneça no caminho certo.

Tenha credibilidade

Como representante escolhido de nossa organização para falar a um grupo — seja de clientes, da Câmara de Comércio, de um clube ou de um comitê legislativo — é preciso causar uma impressão que determine como esse público visualizará nossa organização. A impressão que nossos clientes ou ouvintes têm em relação à empresa em que trabalhamos é resultado de nossa habilidade em apresentar os temas. O público composto por empresários e executivos mostra-se relutante em acreditar no que está sendo dito sobre uma empresa ou um produto se não acreditar na pessoa que transmite a mensagem.

Executivos com frequência cometem o erro de exagerar a capacidade de uma empresa em fazer reivindicações, perdendo assim sua credibilidade (e a de sua empresa) em desempenho e fornecimento. Devemos apresentar fatos sobre nossa empresa. Os fatos nunca devem ser apresentados sem o acompanhamento de benefícios — para o público!

A abertura de uma apresentação

A abertura de uma apresentação difere de seu conteúdo. Seu propósito é despertar o interesse do público pelo orador e pela mensagem. Roger Ailes, em seu livro *Você é a mensagem*, afirma que causamos uma impressão em nossa plateia em sete segundos. Seja boa ou ruim, uma impressão está sendo causada. Atualmente, no mundo tão competitivo dos negócios, esses sete segundos são vitais para conquistar a confiança de nosso público e estabelecer credibilidade profissional. Se a primeira impressão causada for ruim, será difícil, se não impossível, corrigir isso dentro do tempo previsto para se fazer a apresentação.

Com tanta coisa em jogo, é fundamental que o nosso público nos veja como pessoas em quem se pode acreditar, que passam credibilidade, são verdadeiras, profissionais e confiáveis. Essa percepção começa logo após a abertura da apresentação. Devemos trabalhar no planejamento e na realização de uma introdução. Vamos fazer o máximo para ser nós mesmos, agir com naturalidade, transmitir confiança e conquistar o interesse favorável do público. Precisamos começar com algo que atraia a atenção imediata. Aqui estão alguns exemplos:

- "Todos nós temos a mesma quantidade de um bem muito importante: o tempo."
- "No ano passado, um milhão de aparelhos eletrônicos foram vendidos nos Estados Unidos: e ninguém sequer precisava de alguns deles."

Pergunta baseada em necessidade ou interesse
- "Se houvesse uma forma melhor de comercializar o (nome do produto ou serviço) vocês estariam interessados, não estariam?"
- "Se eu pudesse falar a respeito de uma maneira de evitar ataques cardíacos, vocês com certeza gostariam de ouvir, não gostariam?"

Declaração misteriosa
- "Quando vocês cruzam os braços, qual fica por cima — o direito ou o esquerdo?" (Esta abertura foi utilizada em um discurso sobre costumes e a dificuldade de mudar hábitos estabelecidos.)
- "O maior bem de sua empresa nunca será exibido em um balanço financeiro!" (Esta foi a abertura de um discurso sobre o valor dos empregados.)

Elogio
- "Seu presidente me contou sobre o grande apoio de vocês na melhoria do espírito de equipe e gostaria de parabenizá-los. Isso mostra que vocês são..." (O início de um discurso feito a um grupo de colaboradores na comunidade após um almoço.)
- "Meus sinceros cumprimentos pelo aumento de vendas de 121% alcançado por esta equipe durante o último balanço de orçamento! Isso mostra que o grupo é..." (Dito por um gerente de vendas no início de uma reunião de vendas.)

    Observação: Ao abrir com um elogio é melhor fazer um elogio baseado em algo concreto ou que de fato ocorreu e não apenas em uma impressão ou um boato, o que poderia ser erroneamente interpretado como bajulação falsa.

Caso dramático
- "Na noite da última quinta-feira, quando me aproximei da minha caminhonete, observei um carro esporte vermelho, bonito e lustroso passar por mim. De repente, ouvi o barulho dos pneus. O freio desacelerou o carro, que entrou em uma estrada velha de cascalho com buracos enormes. Ocorreu-me, então, que essa situação era semelhante à de nossa própria rede de sistema de informações. Com alguns dos softwares e equipamentos mais contemporâneos do mercado, estamos tentando transmitir através de um sistema de cabeamento obsoleto. Somente através de uma nova rede de cabeamento por fibra ótica é que nós, como esse bonito carro esporte, seremos capazes de capitalizar nosso desempenho potencial."

Há sempre três discursos para cada um que você tenha de fato realizado. O que você treinou, o que você realizou e o que você queria ter realizado.

DALE CARNEGIE

A mensagem

Uma vez que a abertura tenha cativado a atenção do público, é necessário estabelecer o tema ou a mensagem da apresentação. Como em uma sinfonia, em que o compositor revela o tema e depois prossegue com a criação de suas variações, o apresentador introduz a mensagem e, em seguida, dá prosseguimento desenvolvendo esta com fatos, informações e evidências.

A abertura é concebida para obter a atenção da plateia. A declaração da mensagem concentra o foco no assunto. Pode ser uma declaração de intenções, como, por exemplo: "Vamos agora examinar os prós e os contras do novo processo orçamentário." Pode ser uma pergunta, como, por exemplo: "Quais são as etapas necessárias para alcançar um aumento de 10% de participação de mercado no próximo ano?" Às vezes, a declaração da mensagem é apresentada como uma proposta de lógica. Por exemplo: "Se A for verdade, então B também é verdadeiro, e C é o resultado natural."

O exemplo derrota a dúvida

O uso de exemplos é parte essencial de qualquer apresentação eficaz. As perguntas que com frequência pairam na mente dos espectadores, mesmo que raramente apresentadas, são: "Por que eu deveria ouvir você?", "Por que eu deveria acreditar em você?" ou "Quem além de você diz isso?". Quando é preciso convencer os outros de nosso ponto de vista, uma das nossas principais ferramentas é o uso de exemplos. Veremos como desenvolver e usar exemplos no Capítulo 6.

O encerramento de uma apresentação

A abertura de uma apresentação deve criar uma primeira impressão positiva. A conclusão deve solidificar uma impressão positiva duradoura. Alguns exemplos:

Resuma em poucas palavras
- "Em resumo, os pontos-chave para lembrarmos são..."
- "... portanto, a ação que precisamos adotar é..."

Apele para motivos nobres
- "Para o bem da empresa."
- "Para uma sociedade melhor."
- "Para diminuir a fome."
- "Sua contribuição pode salvar vidas."

Lance um desafio
- "Depende de vocês."
- "Vocês são os únicos que podem tornar realidade esses objetivos."

Dramatize suas ideias
- Um slide exibindo o projeto final.
- Uma imagem indicando o progresso da equipe.
- Um bottom, ou outro acessório, a ser distribuído para o público.

Repita o ponto mais importante
- "... veremos nossos objetivos realizados."
- "... sua renda sofrerá um aumento de X %"

Use uma declaração motivacional
- "Nenhuma preocupação financeira."
- "Imaginem seus filhos felizes, saudáveis e seguros."
- "Você pode ter uma hora a mais com sua família todo dia."

Use uma citação
- Use citações diretas que sejam relevantes.
- Esteja familiarizado com o público para quem você apresentará a citação.

Fale em nível pessoal
- "Como Susan e Betsy demonstraram, podemos alcançar esse nível de desempenho."
- "Se nós, como equipe, seguirmos o exemplo de Tom e John, realizaremos nossos objetivos."

Só há uma maneira [...] de conseguir que alguém faça o que queremos. E é despertar no outro a vontade de fazer isso.

DALE CARNEGIE

Período de perguntas e respostas

Para controlar de modo eficaz um período de perguntas e respostas comunique, de forma clara, no início, quanto tempo será reservado para perguntas e respostas. Isso ajuda a manter as questões e as respostas breves e diretas ao ponto.

A regra geral é manter respostas curtas. Eventualmente, pode ser vantajoso tomar a liberdade de dar uma resposta mais longa, sobretudo se não houve tempo suficiente para desenvolver aquele ponto na apresentação. A resposta curta também permite mais perguntas.

Certifique-se de que ninguém na plateia utilize o tempo de questionamento para fazer um discurso. Se isso acontecer, peça, de forma elegante, que a pessoa faça uma pergunta. Também é importante não deixar que uma pessoa domine o período de perguntas. É nossa a responsabilidade de permanecer no controle.

Se não souber a resposta para uma pergunta específica, seja franco em afirmar que não sabe. Respeito se conquista com honestidade.

Abertura do período de perguntas e respostas
Os aplausos geralmente ocorrem logo após uma apresentação. Depois, é só dizer: "Tenho dez minutos para perguntas e respostas. Quem tem a primeira pergunta?" Este pedido quer dizer que estamos aguardando perguntas e que agora é o momento para a primeira.

Um olhar de expectativa estampado em nosso rosto e o fato de levantarmos a mão mostra ao público o que fazer em seguida. Olhe para a pessoa que está fazendo a pergunta e demonstre que é um bom ouvinte. Mantenha uma expressão facial agradável e acolha com prazer a pergunta. Após ouvir o questionamento, vire-se para o restante do público e interprete a pergunta. Ao interpretá-la, ganhamos algum tempo para reunir nossos pensamentos e ter certeza de que os demais ouviram o que foi perguntado. Provavelmente, o mais importante é que permaneçamos no controle e a transformemos em "nossa" pergunta. A repetição da pergunta também nos dá a oportunidade de tirar o "ferrão" ou a "farpa" do questionamento, se tal foi a intenção de um participante hostil da plateia.

Como devemos agir se ninguém fizer perguntas? Às vezes, o público não responde quando o apresentador solicita as perguntas. Na maioria dos casos, isso significa que nossos ouvintes não têm certeza se é "seguro" fazer perguntas. Fazer uma pergunta para nós mesmos estimulará o público. Por exemplo, poderíamos dizer: "Uma pergunta feita com frequência é..." e, em seguida, responder à pergunta. Depois, devemos perguntar: "Quem tem a próxima pergunta?" Isso em geral prepara o clima para mais questionamentos. Não tenha medo de uns poucos segundos de silêncio. O público quer preencher esse silêncio tanto quanto nós. Se, no entanto, a plateia ainda permanecer em silêncio, faça outra pergunta e a responda. Duas vezes é o suficiente. Agradeça a todos pela atenção ou repita o encerramento da apresentação formal.

Como devemos encerrar o período de perguntas e respostas?
Quando perceber que o tempo para perguntas e respostas está prestes a se esgotar, pergunte: "Quem vai fazer a última pergunta?" Esta é uma maneira de dizer ao público que o tempo para perguntas e respostas está prestes a acabar. Após responder à última pergunta, agradeça gentilmente à plateia por seu interesse ou, se for apropriado, repita o encerramento da apresentação formal.

Uso de recursos visuais

O uso de recursos visuais pode incrementar a apresentação, mas pode também apresentar potenciais barreiras que devem ser transpostas para realizar uma apresentação com nível de excelência. Por esse motivo é que o centro da apresentação deve sempre permanecer na pessoa do apresentador e não nos recursos visuais.

O objetivo principal dos recursos visuais é fazer com que a apresentação seja compreendida com mais facilidade pelo público. Nossos recursos visuais devem *dar apoio* às nossas apresentações, e não *ser* as apresentações. Os recursos visuais também adicionam cor, dramatização e ritmo à apresentação. Escolha os recursos visuais com base na finalidade, no tamanho da plateia, na estratégia e no conteúdo da mensagem, na disponibilidade de recursos para prepará-los e no perfil da apresentação como um todo.

Considere o uso de recursos visuais quando:
- Apresentar dados que possam ser de difícil compreensão para o público. Se o material estatístico for importante e a tentativa de comparar dados que não possam ser vistos for difícil, se não impossível, utilize recursos visuais. Isso também pode contribuir para que a apresentação não seja entediante.
- Listar vários itens ou uma série de itens. Se eles tiverem de ser comparados ou se a sequência for fundamental, vê-los é essencial. Isso ajuda a esclarecer as etapas e auxilia a absorção.
- Explicar um processo complicado. Nesse caso, os recursos visuais permitem que o público siga no seu próprio

ritmo. Como algumas pessoas captam as relações mais rapidamente do que outras, um recurso visual proporciona a interação de ambos os estilos de aprendizado.

A absorção é importante. Apenas cerca de 20% do que é ouvido são lembrados. Apenas 30% do que é visto são lembrados. Porém, mais de 50% do que é ouvido *e* visto são lembrados. O uso de recursos visuais não apenas deixa a apresentação mais interessante, como também é um fator significativo daquilo que os ouvintes absorvem e retêm.

Há uma variedade de tipos de recursos visuais que podem ser usados. Selecione e use o tipo que seja apropriado para o público, para os assuntos da apresentação e para criar maior impacto. Eles variam de apresentações geradas por computador de alta tecnologia até simples cavaletes e quadros-negros ou quadros-brancos.

Com o desenvolvimento de softwares funcionais e com os avanços e a disponibilidade de equipamentos de projeção as apresentações geradas por computador estão se tornando regra para realização de apresentações profissionais. Atualmente, o PowerPoint, da Microsoft, é com muita frequência utilizado, em função de sua simplicidade e de sua capacidade de proporcionar maior criatividade na elaboração dos materiais visuais.

As apresentações feitas em computador podem ser preparadas com antecedência ou criadas diante da plateia, dependendo dos equipamentos utilizados, das informações e da qualificação do apresentador. As telas de LCD e os projetores portáteis permitem que as apresentações geradas por computador sejam transportadas e exibidas em praticamente qualquer lugar.

Com tantas apresentações sendo feitas no mundo dos negócios e na área educacional, e tantos dados gerados e armazenados nos computadores, é natural que essas máquinas desempenhem um papel na criação de recursos visuais.

Formatos de recursos visuais

Independentemente de o recurso visual ser preparado em um computador ou por outro meio, há várias maneiras de apresentar as informações:

- *Gráfico de barra ou de pizza:* Tabelas e gráficos podem enfatizar e simplificar grandes quantidades de informação para os ouvintes. Os recursos visuais fazem com que os ouvintes se concentrem e visualizem as ideias rapidamente. Por isso, tabelas e gráficos bem-concebidos podem acelerar a tomada de decisões, muitas vezes fornecendo ainda o benefício de encurtar as reuniões — em geral, para o deleite de todos.

    Um gráfico de barras é ideal para a comparação de dois itens, como, receitas totais entre anos. Os gráficos de barra também podem ser utilizados para comparar três ou quatro elementos, como por exemplo o modo de uma empresa se comportar diante de seus três concorrentes mais próximos.

    Para exibir as mudanças ao longo do tempo, um gráfico de linha funciona bem. É eficaz para detalhar o desempenho mês a mês ou ano a ano de uma empresa. Permite que os espectadores identifiquem imediatamente a evolução.

Quando for necessário mostrar a composição de um elemento complexo, como o tamanho relativo de várias partes de um todo, o gráfico de pizza é o ideal. Os gráficos em pizza transmitem a composição geral de um assunto, ao representar graficamente as relações proporcionais entre as partes.

- *Vídeo:* Exemplos, ilustrações e demonstrações, a serem apresentados profissionalmente e com a mais alta qualidade, são possíveis através do uso de vídeos. O tamanho e a economia com o espaço do equipamento fazem com que a apresentação com vídeo seja prática para uma variedade de apresentações. Gravação, captura, envio, visualização, edição e impressão de imagens de vídeo são fáceis e práticas e têm um custo vantajoso. O vídeo pode ser usado para toda a apresentação ou para alguns pontos específicos que ilustrem, em 5-10 minutos, uma apresentação preparada fundamentalmente em torno de outro meio. Vídeos sobre uma grande variedade de assuntos podem ser comprados ou alugados. Verifique o que está disponível on-line ou em uma biblioteca.
- *Slides de 35mm:* Embora as apresentações que utilizem computador tenham tornado os slides de 35mm desnecessários, muitas pessoas ainda os consideram animadores, estimulantes e práticos. Trata-se de um meio reconhecido para exibir imagens estáticas, tridimensionais e coloridas. Assim como o vídeo, os slides são mais eficazes quando limitados a segmentos de 10-15 minutos durante a apresentação.
- *Transparências para retroprojetor:* Ao falar para pequenas plateias ou quando a tecnologia de computador não

estiver disponível, uma ferramenta simples de apresentação é o retroprojetor. As transparências são facilmente produzidas com antecedência e os palestrantes podem adicionar informações por escrito sobre as transparências como parte da apresentação.

- *Cavaletes:* Os cavaletes fornecem apoio visual espontâneo para uma apresentação e, com frequência, contêm informações fornecidas pelos espectadores. Por isso, têm grande credibilidade. Eles podem ser preparados antes da reunião ou montados diante do público. Esse meio pode fornecer lembretes contínuos dos aspectos abordados durante toda a reunião ou processo de treinamento. As folhas do cavalete podem ser colocadas em torno da sala, de modo que os participantes possam consultá-las quando desejado.
- *Quadros-brancos:* Os quadros-brancos, sobre os quais se pode escrever sem problemas com cores vivas e apagar com facilidade, substituíram o antigo quadro-negro. A utilidade do quadro-branco é limitada em função do tamanho do grupo, mas é útil para atividades de participação espontânea, tais como o *brainstorming*.

Apostilas

Informações adicionais e resumos podem ser distribuídos na apresentação. Eles com frequência são usados para fornecer dados de apoio, planilhas, esboços ou questionários. Devem ser bem-elaborados e bem-impressos, porque carregam a reputação do apresentador. Se as apostilas se destinarem a substituir as anotações, devem ser distribuídas no início da apresentação, e o público deve ser informado deste fato. Se forem para complementar o que foi apresentado, as apostilas devem ser dadas ao final da apresentação.

As apostilas podem fornecer mais profundidade às informações apresentadas. Elas podem comunicar informações adicionais aos tópicos apresentados através dos recursos visuais. Informações que possam ser do interesse do público, mas que não puderam ser abordadas no tempo estipulado para a apresentação, tais como referências, recursos, estudos de caso e artigos, podem ser incorporadas às apostilas.

Pontos importantes

Aqui estão algumas das sugestões de Dale Carnegie sobre como fazer apresentações contidas em seu livro *Como falar em público e influenciar pessoas no mundo dos negócios*:

- A abertura, caso a palestra seja muito importante, não deve ser deixada de lado. Deve ser cuidadosamente trabalhada com antecedência.
- Mostre como aquilo que desejamos que as pessoas aceitem é similar ao que elas já acreditam.
- Use casos específicos, cite casos concretos.
- Regue o discurso com frases e com palavras capazes de criar imagens que saltem aos olhos do público.
- O encerramento de um discurso é o seu elemento mais estratégico. O que é dito por último é o que provavelmente será lembrado por mais tempo.

- Resuma, repita e esboce de forma breve os principais pontos abordados.
- Esteja preparado para responder às perguntas da plateia. Repita ou interprete a pergunta parafraseando-a antes de respondê-la.
- Recorra à ação. Certifique-se de que o público saiba qual atitude você quer dele.
- Elabore um bom encerramento e um bom começo e mantenha-os próximos um do outro. Sempre pare antes que o seu público lhe dê sinais para parar. "O ponto de satisfação é alcançado logo depois do pico de popularidade."

CAPÍTULO 6

Obtendo o melhor de uma discussão

A palavra *discussão* pode ser definida de várias maneiras. Um dos significados é a *discordância* em que os diferentes pontos de vista são expressos, muitas vezes com raiva. Em relação à aplicação desta definição, Dale Carnegie estava correto quando escreveu: "A única maneira de obter o melhor de uma discussão é evitá-la." Uma discussão com raiva só pode resultar em uma situação sem vencedores. Outra definição de *discussão*, no entanto, é *debate e argumentação* sobre um assunto. Quando se considera a *discussão* nesse contexto, pode-se alcançar um resultado vantajoso para todos.

Vender uma ideia para outra pessoa — um chefe, um subordinado, um cliente ou um colega de trabalho — é, em essência, uma argumentação para persuadir essa pessoa a aceitar o que está sendo apresentado. O objetivo é, de alguma forma, mudar a maneira como a pessoa pensa ou reage em relação a um assunto específico.

Ao se preparar para vender uma ideia — seja para o seu chefe ou para os seus colegas —, siga os princípios que os vendedores bem-sucedidos usam para realizar vendas. Primeiro, atraia a atenção do ouvinte. Uma maneira eficaz é fazer uma pergunta desafiadora. Procure saber quais problemas a(s) pessoa(s) para a(s) qual(is) fará a apresentação enfrenta(m) e concentre-se nisso. Por exemplo, se o serviço de atendimento ao cliente é uma séria preocupação, pergunte: "Se existisse uma maneira de acompanhar a satisfação de nosso cliente sem aumentar a equipe do SAC, vocês estariam interessados?"

Isso deve atrair a atenção deles. Agora, estamos prontos para apresentar evidências a fim de mostrar como, através da nossa ideia, é possível realizar isso.

A evidência deve ser pertinente ao tema e, claro, significativa para os ouvintes. Aqui estão sete tipos de evidências comprovadamente eficazes:

- Demonstrações (mostre como algo funciona)
- Exemplos (experiências pessoais ou de outras pessoas)
- Fatos (pontos que sejam específicos, verdadeiros e possam ser comprovados)
- Exibições (recursos visuais, tabelas, gráficos, imagens, desenhos esquemáticos ou outros elementos tangíveis)
- Analogias (relacionando uma ideia complexa a algo *mais simples* e *mais fácil* de compreender)
- Depoimentos de especialistas (citando uma fonte *reconhecida* ou *digna de confiança*)
- Estatísticas (números indicando aumentos, diminuições, mudanças percentuais, comparações, tendências e resultados)

> Um homem convencido a contragosto conserva sempre a opinião anterior.
>
> DALE CARNEGIE

As 12 regras para discordar sem ser desagradável

Ao lidar com os outros há certas situações em que discordamos de uma ou mais pessoas com quem estamos interagindo. Expressar discordância não significa necessariamente estar em uma posição antagônica. Tato, tolerância e compreensão permitem que discordemos sem sermos desagradáveis.

Regra nº 1: Dê aos outros o benefício da dúvida. Talvez a pessoa que fez aquela generalização ultrajante não seja realmente insensível. Talvez ela tenha tido uma experiência dolorosa que a levou a exagerar. Quando, em vez de adotar o corte de pessoal para fazer reduções significativas nas despesas, foi sugerido que todos os empregados aceitassem um corte no salário, Susan discordou com veemência. Ela argumentou que funcionários altamente produtivos não deviam ter de fazer sacrifícios para que os empregos dos funcionários menos produtivos pudessem ser salvos. Quando pressionada a esclarecer o motivo de ter sido tão inflexível ficamos sabendo que, em seu trabalho anterior, ela havia aceitado solução semelhante para corte de custos e, menos de um ano depois, ela e outras pessoas foram demitidas do mesmo jeito. A única maneira de convencer Susan a mudar seu pensamento foi garantir que nossa empresa estava financeiramente sólida o suficiente para evitar que isso acontecesse.

Regra nº 2: Ouça. Depois de dar a alguém o benefício da dúvida, ouça para obter informações e realmente compreender o motivo pelo qual a pessoa mantém aquela opinião. Devemos deixar que ela saiba que a ouvimos e que estamos tentando de fato ver as coisas a partir de sua perspectiva.

Regra nº 3: Ao discordar de alguém, sempre assuma a responsabilidade por seus próprios sentimentos. Assuma o compromisso de responder usando apenas o pronome "eu". Quando começamos com o pronome "você", parece que estamos culpando e confrontando o outro, o que coloca a outra pessoa imediatamente na defensiva e reduz as chances de o nosso ponto de vista ser ouvido.

Regra nº 4: Use um amortecedor. Dê ou "amorteça" uma opinião diferente começando com "Eu entendo o que você está dizendo..." ou "Eu aprecio sua opinião sobre...". Novamente, comece com o pronome "eu" e não "você disse...", ou vai soar como confronto.

Por exemplo: "Eu compreendo sua preocupação em relação a como isso poderia desacelerar o processo, mas examinei todas as consequências da nova abordagem... (e então diga outra vez como o método sugerido compensará a desaceleração inicial)."

Regra nº 5: Seja educado. Lembre-se de que nosso objetivo é convencer a outra pessoa a aceitar nossa maneira de pensar. Isso nunca pode ser conseguido se formos antipáticos, rudes ou se denegrirmos a outra pessoa com sarcasmo ou humor condescendente.

Você não pode convencer as outras pessoas a compartilharem de sua maneira de pensar forçando-as a aceitar suas ideias. Harold era um egoísta que tinha tanta certeza de que estava sempre certo que lutava muito — sem restrições — para marcar seus pontos. Ele batia na mesa, gritava e contrariava os adversários com sua arrogância. Tal comportamento não apenas deixa todo o grupo desconfortável, como também provoca, com frequência, discussões longas e infrutíferas. Mesmo quando as ideias dele eram boas de verdade, sua conduta derrotava seu propósito. Se ele fosse educado e diplomático, suas boas ideias seriam prontamente aceitas.

Regra nº 6: Elimine a palavra "mas" ou "porém" do seu vocabulário. Reconhecer o ponto de vista de alguém seguido por "mas" ou "porém" elimina o reconhecimento.

Em vez disso, use "e" ou espere por um momento em silêncio e, em seguida, contribua com sua ideia ou opinião começando com:

- "Vamos também discutir..."
- "Que tal por esse ângulo..."
- "O que aconteceria se..."
- "Você já pensou sobre..."
- "Compare aquela ideia com esta..."
- "É uma perspectiva interessante."
- "Nunca pensei sobre isso dessa forma."
- "Fico feliz de nós dois concordarmos com..."

Regra nº 7: Expresse seu ponto de vista ou opinião com evidências factuais e relevantes. Mantenha as emoções de fora, reservando algum tempo para refletir. Pergunte a si mesmo: "O que eu acho?", "Por que eu acho isso?", "Quais evidências eu tenho para sustentar meu ponto de vista?".

Regra nº 8: Deixe a outra parte salvar as aparências. Dale Carnegie nos ensinou que para ganhar amigos e influenciar pessoas devemos sempre reconhecer e respeitar suas individualidades. Nunca devemos nos esquecer disso no momento de lidar com discordâncias. É importante que nunca façamos com que aqueles que discordam de nós se sintam inferiores — mesmo quando seus argumentos não são válidos.

Phil era um daqueles que gostava de apontar os erros das pessoas. Em reuniões, ele atacava cada erro e tripudiava com sua "superioridade" a pessoa envolvida. Não apenas essa pessoa perdia o prestígio frente a seus colegas, como também os outros membros do grupo ficavam chateados. Tal comportamento destrói o espírito de equipe.

Regra nº 9: Tenha consciência da sensibilidade das pessoas. Algumas pessoas são muito sensíveis. Ashley é um exemplo. Ela não consegue aceitar críticas com facilidade e fica na defensiva quando uma de suas ideias é rejeitada. Devemos estar cientes dessa sensibilidade, de modo que possamos corrigir ou melhorar a situação com cuidado especial.

Em vez de apontarmos as áreas das quais discordamos, devemos primeiro elogiar Ashley em todos os pontos positivos de seu programa e, em seguida, fazer perguntas sobre as áreas em desacordo. Isso estimulará Ashley a repensar a situação e reconhecer como esta pode ser melhorada.

Ao questionar, em vez de criticar, podemos obter o melhor de nossos funcionários, sem criar ressentimento. O funcionário rejeita suas próprias ideias ruins e é incentivado a propor outras melhores. Isso resulta no aprimoramento da capacidade criativa da equipe e na obtenção de ideias mais inovadoras, que contribuam para aumentar a eficácia do departamento.

> Leve em consideração as opiniões das outras pessoas. Deixe que elas sustentem seu próprio sentimento de importância.
>
> DALE CARNEGIE

Regra nº 10: Dê à outra parte chance para resolver a situação. Quando Stephanie falou com Harry sobre seu atraso frequente, ela não começou com uma crítica severa de como o atraso afeta o trabalho de todo o departamento e que isso não poderia ser tolerado. Em vez disso, ela perguntou: "O que você pode fazer para chegar na hora daqui em diante?" O fato de permitir que Harry chegasse a uma solução para o seu próprio problema não apenas reafirma a confiança no funcionário por parte do supervisor, como também encoraja os funcionários a pensarem sobre seus problemas e a tomarem suas próprias decisões em relação a eles. As pessoas são mais propensas a seguir com mais empenho e entusiasmo as soluções que elas próprias sugerem do que as que lhes são impostas.

Há momentos, sobretudo quando o problema tiver relação com desempenho no trabalho, em que o supervisor deve ser muito específico ao chamar a atenção para as deficiências do funcionário. Em tais casos, faça as sugestões para melhorias de forma positiva. Não diga: "Seu trabalho está malfeito." É muito melhor mostrar exemplos específicos de trabalho que não atenderam aos padrões e, em seguida, perguntar o que pode ser feito para superar as deficiências. Reitere sua confiança no funcionário e ofereça toda a assistência que puder. Lembre-se de que o objetivo é ajudar o funcionário a aprender a ser um trabalhador melhor.

Regra nº 11: Finalize com uma observação positiva. Quando Stephanie pergunta a Harry o que ele pode fazer para chegar na hora, ele concorda em ajustar a partir daquele momento seu despertador para 6h15, em vez de 6h30, a fim de evitar os engarrafamentos ocasionais que têm causado seu atraso.

Stephanie concorda que essa atitude deve ajudar a aliviar o problema. "Harry, estou confiante de que você vai manter esse compromisso e que será pontual de agora em diante. Sua contribuição para nossa equipe é importante e isso vai garantir que minha confiança em você não tenha sido em vão."

O mais importante é dar à outra pessoa apoio e assistência para ajudá-la a superar o que tenha causado o problema. Desta forma desenvolveremos pessoas cooperativas e produtivas que serão valiosas para o departamento.

Regra nº 12: Dê uma opinião construtiva. A eficácia da comunicação pode ser ampliada quando cada uma das partes obtiver uma opinião honesta da outra. Ninguém gosta de ser criticado, mas uma crítica construtiva, se feita diplomaticamente, pode ser uma contribuição significativa para o desenvolvimento da pessoa.

Aqui estão algumas sugestões sobre como fazer com que a opinião que damos aos outros seja mais aceitável:

1. Reúna todos os fatos.
2. Aborde a situação imediata e particularmente.
3. Concentre-se no ato ou no comportamento, não na pessoa.
4. Comece fazendo um elogio verdadeiro à pessoa.
5. Comece demonstrando simpatia. Só depois critique. Revele erros semelhantes que você cometeu e diga à pessoa o que fez para corrigi-los.
6. Utilize suas habilidades em relações humanas. Em vez de ser impositivo, faça perguntas e dê sugestões.
7. Mostre o benefício com a mudança de comportamento.
8. Finalize com uma observação amigável e decida de comum acordo a forma de seguir adiante.

Quando você estiver do lado que escuta, tenha em mente que o objetivo da opinião é nos ajudar e não nos criticar:

1. Fique calmo e ouça o outro.
2. Certifique-se de ter uma compreensão clara do problema.
3. Esteja aberto para autoaperfeiçoamento e mudança.
4. Acredite que a pessoa que dá a opinião tem boas intenções.
5. Não reaja defensivamente.

6. Não ofereça desculpas. Em caso de circunstâncias extenuantes, especifique-as como fatos e não como opiniões.
7. Agradeça a pessoa pelo *feedback*.
8. Chegue a um acordo sobre como seguir em frente.

Elogie as pessoas pelo que elas fazem bem e, depois, gradualmente, ajude-as com suas deficiências. Esse método funciona bem em um escritório, em uma fábrica, na própria casa, com o cônjuge, com os filhos, com os pais e com praticamente qualquer um no mundo.

DALE CARNEGIE

Resolução de problemas

Resolver problemas é parte importante da maioria dos cargos de gestão. Os supervisores devem lidar com os problemas relativos às áreas de operações, de produção, de qualidade, de pessoal e, às vezes, de marketing e finanças. O recurso mais comumente utilizado para lidar com esses problemas é a experiência anterior do gerente. Se ele estiver nesse tipo de trabalho há bastante tempo existem chances de que problemas semelhantes tenham surgido no passado. Há grande probabilidade de as atitudes que já funcionaram anteriormente funcionarem de novo.

Infelizmente, isso nem sempre acontece. Às vezes, uma solução bem-sucedida no passado pode não ser eficaz no presente. Embora aparentemente seja o mesmo problema, as circunstâncias podem ser um pouco diferentes. Para evitar isso, antes de lidar com um problema, certifique-se primeiro do que exatamente se trata.

Esclareça o problema
Um grande fabricante de refrigeradores tinha perdido uma participação significativa de seu mercado para um concorrente. No passado, a razão para essa participação ter diminuído havia sido o aumento da propaganda por parte da concorrência, situação que foi superada também com o aumento de propaganda por parte do fabricante. Usando essa experiência como orientação, o fabricante desenvolveu uma grande campanha publicitária para superar a perda atual. Para sua surpresa, a publicidade não ajudou em absolutamente nada — na verdade, a participação de mercado continuou diminuindo.

Estudos adicionais mostraram que, dessa vez, o concorrente não tinha feito nenhuma propaganda diferente, mas aumentado a margem de lucro dos varejistas. Isso deu um incentivo adicional ao varejista para empurrar o produto do concorrente, mesmo quando o consumidor visitava a loja devido à nova campanha de propaganda do fabricante de refrigeradores. Eles tinham atacado o problema errado. Estude o problema. Olhe para o verdadeiro problema, pois ele pode não ser o que, à primeira vista, parecia óbvio.

Quais são as causas do problema?
Muitas vezes, quando buscamos a causa de um problema, vemos apenas a ponta do iceberg. O problema é muito mais profundo. Vamos imaginar que tenha aparecido uma erupção cutânea que nos cause coceira. O dermatologista prescreve uma pomada, e nós a aplicamos. A coceira para e a erupção

passa. Achamos que o problema está resolvido, mas duas semanas depois ele volta. O que aconteceu? O médico tratou o sintoma: a erupção. É verdade, a erupção era um problema de fato, mas não era a causa real do problema, que pode ter sido uma alergia ou outra situação médica. Para encontrar a verdadeira causa ou causas dos problemas em nosso trabalho devemos olhar para o(s) "fator(es) crítico(s)" a partir dos quais o problema surgiu. Isso requer um estudo aprofundado e uma análise cuidadosa.

Desenvolva várias soluções possíveis
Normalmente, quando estamos diante de um problema, podemos pensar em uma solução imediata e nos apressar para colocá-la em prática. Apenas o fato de uma solução possível vir à mente de imediato não significa que essa seja a melhor solução. É muito melhor considerar uma variedade de soluções possíveis antes de escolher a que será colocada em prática.

Mantenha a mente aberta. Busque sugestões das pessoas que estão mais próximas — aquelas que trabalham com a situação e estarão envolvidas na implementação da ação a ser adotada. Recorra aos *especialistas* na empresa (ou fora dela, se apropriado) para tirar proveito de sua experiência e conhecimento.

Seja criativo. As pessoas são mais criativas do que pensam. Ao utilizarmos esse poder, muitas vezes oculto dentro de nós, podemos descobrir conceitos inovadores para resolver nossos problemas.

Determine a melhor solução
Uma vez desenvolvidas as várias alternativas, pese todos os fatores e decida qual é a melhor. Para fazer isso é necessário

analisar o problema e determinar como a solução escolhida contribuirá para a resolução dele.

Faça uma lista dos itens que são absolutamente essenciais para a solução. Eles podem incluir custo máximo, limitações de tempo, uso de pessoal e de outros recursos. Depois, faça uma lista dos itens que não são essenciais, mas que tornariam a solução escolhida ainda melhor.

Quando os cabeleireiros do salão New Wave estavam procurando um novo local, eles fizeram uma relação de fatores essenciais antes de tomar a decisão:

1. O novo local deve estar localizado em um shopping.
2. Não deve ter menos do que 372m^2.
3. O aluguel não deve custar mais do que "X" por mês.
4. Podemos abrir o negócio no mais tardar em seis meses.

Seria interessante se:

1. Houvesse um espaço de 418m^2.
2. O proprietário arcasse com os custos da reforma.
3. Não houvesse outros cabeleireiros no shopping.
4. Houvesse lojas de alta classe no shopping.

Esses quatro últimos são fatores preferenciais.

O pessoal do New Wave só deve considerar locais que preencham todos os fatores essenciais. Depois, após pesar os vários fatores preferenciais, eles podem determinar qual é o melhor negócio para eles.

Entre em ação
Uma vez tomada a decisão, coloque-a em prática. Cada pessoa envolvida na implementação da solução deve receber suas atribuições, os recursos devem ser empregados e a ação, iniciada. Como gerentes devemos estar em posição de controle da situação. Se houver alguns funcionários da equipe que não se mostrem entusiasmados com a solução, "venda" a solução para eles. Esteja disponível tanto para ajudar as pessoas envolvidas a entender o que precisa ser feito, quanto para demonstrar, quando for preciso, e ajudar, quando for necessário.

Acompanhamento (Follow-up)
Há momentos em que o tipo de problema envolvido requer uma solução para a qual a empresa deva comprometer-se por longos períodos (por exemplo, a mudança para um novo local). Se a solução escolhida não funcionar, há pouco que se possa fazer para salvá-la. Por isso, em tais situações, a análise do problema deve ser feita com extrema habilidade. Felizmente, a maioria dos problemas enfrentados pelos supervisores não é permanente e pode ser revertida caso não funcione.

Ao colocar qualquer tipo de solução em prática, faça a pergunta: "Quanto tempo vai levar para verificar se esta solução está funcionando?" Em seguida, defina uma data de acompanhamento aceitável. Nesse momento, avalie o que ocorreu e, caso não tenha resolvido o problema, abandone essa solução e selecione uma das outras alternativas. Não há razão para continuar com uma solução que não seja eficaz quando há outras alternativas para tentar.

Reclamações de clientes

Até que um produto, organização ou empresa perfeitos sejam inventados, vamos lidar com as questões negativas trazidas por nossos clientes. É inevitável que surjam problemas e que algumas pessoas que reclamam sejam difíceis de agradar.

Além de aplicar os princípios discutidos anteriormente neste capítulo, podemos resolver de modo eficaz as reclamações, desenvolver relacionamentos, melhorar a fidelização e manutenção do cliente usando o processo de oito passos a seguir:

Cumprimente. Sempre responda a um telefonema ou cumprimente pessoas como se estivesse feliz em vê-las. Comece de uma forma amigável. Isso é fácil de falar, mas pode ser difícil de colocar em prática. Precisamos ser capazes de "estar blindados" e separar quaisquer experiências negativas desse contato com o consumidor. Mesmo quando o cliente tem o costume de reclamar, lide apenas com a questão atual.

Ouça. Nós sempre temos os mesmos tipos de reclamações e é por isso que se torna um desafio ouvir as pessoas. Dê a elas oportunidade de desabafar algumas de suas frustrações. Seja compreensivo. Ouça não apenas os fatos, mas também os sentimentos. Resista à tentação de começar a responder muito depressa. Mostre que está ouvindo com atenção por meio de breves interjeições, repetições ou reformulando os comentários dos clientes.

Faça perguntas. Faça perguntas para acabar com a preocupação do cliente. É importante reconhecer a necessidade de resistir a responder até que compreendamos exatamente com quais questões o cliente está preocupado.

Questões elementares captam os fatos básicos do problema. Isso nos dá oportunidade de eliminar um pouco do calor da queixa. Por exemplo: "Quando esse problema ocorreu?"

Perguntas elaboradas reúnem mais detalhes. Isso dá ao cliente chance de expandir seus assuntos e sentimentos. Essas perguntas devem ser relativamente curtas para incentivar o cliente a falar mais. Por exemplo: "Diga-me exatamente o que deu errado?"

Perguntas avaliativas nos ajudam a obter uma compreensão da severidade em relação à questão na mente do cliente. Por exemplo: "O que o senhor gostaria que fizéssemos?" Esse é o momento em que podemos avaliar quais medidas devemos adotar para satisfazer o cliente.

Seja compreensivo. Encontre um ponto de consenso com o outro. Isso não significa necessariamente que concordamos com a reclamação do cliente. Esse é o momento em que mostramos a ele que ouvimos e compreendemos a preocupação e que reconhecemos a importância dela.

Aborde o assunto. Agora que as questões emocionais foram tratadas, devemos fazer de tudo ao nosso alcance para resolver os aspectos práticos da queixa. Devemos assumir a responsabilidade pelas ações de nossa empresa. Se precisarmos de ajuda para retornar ao cliente, façamos isso de forma rápida e eficaz. Essa é a nossa oportunidade de transformar um limão em uma limonada. As pessoas que têm seus problemas solucionados com sucesso tendem a continuar fazendo negócios conosco.

Perguntas-teste. Faça perguntas para testar o nível de satisfação em relação à solução tanto dos aspectos práticos quanto dos emocionais da queixa. Dê ao cliente outra oportunidade para falar.

Ofereça ajuda adicional. Pergunte o que mais podemos fazer para esse cliente. Isso oferece uma oportunidade para desviar a conversa da reclamação, o que faz com que fique mais fácil concluir com uma nota positiva.

Complete a operação. Muitas vezes as queixas não podem ser resolvidas completamente no primeiro contato. Mesmo que a reclamação tenha sido resolvida, crie um motivo para contactar o cliente outra vez. Por exemplo, encontre uma maneira de dar valor agregado. Além disso, busque maneiras de resolver as causas dos problemas dentro de sua empresa.

Lidando com pessoas negativas

Em quase toda empresa encontramos pessoas que são avessas a quaisquer novas sugestões. Sempre que somos a favor de alguma coisa, elas são contra. Elas sempre têm um motivo para justificar que aquilo que nós queremos realizar simplesmente não pode ser feito.

As razões para essa negatividade variam. Podem decorrer de algum problema real ou imaginário ocorrido no passado entre a pessoa e a empresa. Se for o caso, investigue a questão. Se a pessoa tiver motivos justificáveis para sua atitude negativa, tente convencê-la de que o passado é passado e de que ela tem de olhar para o futuro. Caso se trate de mal-entendidos, tente esclarecê-los.

A negatividade muitas vezes tem raízes em fatores arraigados da personalidade, que estão além da capacidade de superação de qualquer gerente. Nesse caso, é necessário ajuda profissional.

Pare! Olhe! Ouça!

Uma boa regra ao lidar com pessoas negativas é reconhecer seus argumentos e convencê-las a trabalhar com você para superar seus supostos problemas, de modo que o projeto possa seguir em frente. Faça com que a pessoa seja parte da solução em vez de um problema extra.

Vamos ver alguns dos problemas que as pessoas negativas causam:

Resistência à mudança. Mesmo as pessoas com atitude positiva são relutantes em mudar. É confortável continuar fazendo as coisas da maneira de sempre. Pessoas que pensam positivo podem ser persuadidas a mudar ao se deparar com argumentos lógicos. Pessoas negativas resistem à mudança simplesmente por resistir. Nenhum argumento é capaz de ajudar. Elas, com frequência, fazem de tudo para sabotar a situação para que os novos métodos não funcionem e elas possam dizer: "Eu avisei."

Impacto sobre o moral do grupo. Assim como uma maçã podre pode estragar o cesto inteiro, uma pessoa negativa pode destruir o moral de toda uma equipe. Como o negativismo se espalha de pessoa para pessoa, é difícil manter o espírito de equipe nessas circunstâncias.

Quando apresentarmos novas ideias para pessoas negativas, devemos fazê-las apresentar suas objeções abertamente. Diga algo do tipo: "Você levantou alguns pontos interessantes. À medida que avançarmos neste novo programa, vamos observar com cuidado esses problemas. No entanto, devemos dar uma chance a esse novo conceito. Trabalhe comigo nele e, juntos, vamos aparar as arestas."

Personalidades negativas

Anita transborda negatividade. Não pelo que diz, mas pelo modo como age. Ela encara qualquer sugestão como afronta pessoal e qualquer nova atribuição com tanta relutância e aborrecimento que afeta a todos.

Pessoas como Anita muitas vezes não percebem como são vistas pelos outros. Elas provavelmente agem dessa forma tanto em suas vidas pessoais como na profissional. São do tipo que não se dão bem com os familiares, têm poucos amigos e são eternos dissidentes. Um bom começo para lidar com esse tipo de pessoa é ter uma conversa franca com ela para fazer com que saiba como a atitude dela afeta o moral de seu grupo. Surpreendentemente, muitas pessoas que pensam de forma negativa não têm ideia de que seu comportamento é perturbador para os outros. Sugira que elas se inscrevam em um programa de aprimoramento pessoal, como o Curso Dale Carnegie. Tais programas têm ajudado muitas pessoas a superar a negatividade e a melhorar não apenas seu desempenho no trabalho como também em sua vida pessoal.

Trabalhe por uma situação favorável a todos

Se todos deixam de ganhar, na verdade ninguém está ganhando. Criar "perdedores" acaba resultando na perda de clientes, na rotatividade de empregados, em grupos de trabalho antagônicos e em empresas operando abaixo do seu potencial.

Através de uma preparação cuidadosa e tendo em mente as melhores técnicas para lidar com pessoas podemos apresentar e vender nossas ideias aos outros. Assim, teremos a grande satisfação de ver nossas ideias desenvolvidas com entusiasmo por todos os envolvidos.

Pontos importantes

Não há resumo mais eficiente de como obter o melhor de um argumento, seja com membros da família, conhecidos ou no trabalho, do que os princípios de Dale Carnegie para persuadir os outros a aceitarem nossas ideias. São eles:

1. Respeite a opinião dos outros. Nunca diga a uma pessoa que ela está errada.
2. Se você estiver errado, reconheça o seu erro rápida e energicamente.
3. Comece de uma maneira amigável.
4. Leve a outra pessoa a dizer "sim" imediatamente.
5. Deixe a outra pessoa falar durante a maior parte da conversa.
6. Deixe que a outra pessoa sinta que a ideia é dela.
7. Procure honestamente ver as questões do ponto de vista do outro.
8. Seja receptivo às ideias e anseios da outra pessoa.
9. Apele para os mais nobres sentimentos.
10. Dramatize as suas ideias.
11. Lance um desafio.

CAPÍTULO 7

Fazendo com que as reuniões sejam mais significativas

Uma técnica de comunicação usada com frequência e bastante eficaz é a reunião. Ela permite que a comunicação seja transmitida a um grupo de pessoas ao mesmo tempo. Entretanto, as reuniões podem ser uma grande perda de tempo, caso não sejam devidamente organizadas.

Na maioria dos negócios e empresas boa parte do trabalho é atribuída a comissões. Há uma velha piada que diz que um camelo é um cavalo criado em uma delas. Desde seu início, as comissões carregam uma reputação de não serem de fato eficazes. No entanto, muitas vezes, ditados antigos fornecem mensagens conflitantes. As comissões são formadas por "muitos cozinheiros que estragam a sopa" ou são benéficas porque "duas cabeças pensam melhor do que uma"? Vamos ver o que pode ser feito para fazer com que as comissões, das quais *nós* participamos, cumpram a missão para a qual foram criadas.

Estabeleça metas claras e compreensíveis

Quando Leonard B. foi nomeado presidente de uma comissão — composta também por mais três executivos —, com a finalidade de encontrar um lugar adequado para a filial de um depósito, ele convocou uma reunião para estabelecer metas específicas e cronogramas. Em vez de ditar essas informações para sua equipe, ele conduziu uma sessão de planejamento participativo. Cada um dos membros contribuiu com ideias e, juntos, chegaram a um plano viável. Como cada um dos membros da comissão estava envolvido no planejamento, as metas estavam claras para cada um deles e o grupo todo estava comprometido com sua realização.

Uma atribuição específica deve ser dada a cada membro da comissão. O presidente deve saber os pontos fortes e as áreas de competência específicas de cada um dos membros, e utilizar esses recursos para definir as atribuições. Leonard teve a vantagem de conhecer as pessoas de sua equipe, já que trabalharam juntos por algum tempo, e foi capaz de dar a todas elas atribuições significativas em áreas em que cada uma pôde contribuir de modo mais eficaz.

Entretanto, se você presidir uma comissão em que alguns ou todos os membros sejam apenas conhecidos, procure saber mais sobre cada um deles o quanto antes. Quando Carol foi nomeada para presidir uma comissão da Associação de Pais e Mestres com a finalidade de estudar e fazer recomendações sobre o desenvolvimento de um programa para maior participação dos pais nas atividades de sala de aula, ela tinha apenas uma relação casual com a maioria dos membros. Ela fez questão de se reunir com cada um deles em particular, logo nas primeiras semanas, para descobrir em que pontos poderiam fazer o melhor. Na segunda reunião ela foi capaz não apenas de fazer nomeações sábias, mas também, como resultado das conversas pessoais anteriores, de encorajar muitos pais a se voluntariar para assumir aspectos significativos do projeto.

Uma vez designada a atribuição, peça a cada um dos membros da comissão para desenvolver um plano e um cronograma para a sua função. Estes devem ser feitos por escrito e submetidos ao presidente na próxima reunião. Para assegurar que o plano seja cumprido de acordo com o cronograma, deve ser estabelecido um sistema de acompanhamento (*follow-up*).

O objetivo da comissão de Leonard era encontrar um lugar e providenciar a locação das instalações em três meses. Dessa forma, cada um de seus membros teve de providenciar os planos de suas tarefas para apresentá-los em duas semanas, a partir da primeira reunião. Foram programadas discussões de acompanhamento com cada um deles, durante duas semanas, após a segunda reunião, e uma terceira reunião com toda a comissão foi agendada para o início do segundo mês.

O projeto de Carol era muito mais longo. Sua comissão tinha um prazo de seis meses. Como o grupo de Carol era composto por nove pessoas, ela criou três subcomissões para os três principais aspectos do projeto e providenciou uma reunião com cada uma dessas subcomissões durante o primeiro e o segundo mês. Para a comissão como um todo foram programadas reuniões mensais para relatar e compartilhar ideias e realizações.

Solucionando discordâncias

Sempre que várias pessoas estão envolvidas em um projeto é provável que haja algumas discordâncias. Cabe ao presidente resolvê-las. Carol se deparou com isso em sua primeira reunião com uma subcomissão. Dois dos membros concordaram com um plano de ação, mas o terceiro se opôs com firmeza. É lógico que a votação da maioria poderia ser usada para escolher o plano, mas Carol reconheceu que era necessário obter a cooperação total do terceiro membro para que o projeto tivesse êxito.

Ela pediu ao membro que expressasse as razões para que tivesse se oposto à maioria e o ouviu com atenção. Ela incentivou os outros a pensarem sobre aquelas objeções e, juntos, eles foram capazes de chegar a um consenso e desenvolver um plano com o qual todos pudessem se comprometer. Algumas sugestões sobre como lidar com discordâncias serão discutidas mais adiante neste capítulo.

Relatórios das comissões

Uma vez que todos os membros ou subcomissões tenham completado as tarefas a que foram designados, os resultados são apresentados para toda a comissão. As tarefas são debatidas e, por fim, decisões finais são tomadas ou recomendações são feitas. Normalmente é desenvolvido um relatório completo a ser submetido à pessoa ou pessoas responsáveis pela comissão. Na maioria das comissões esse é o final do trabalho. No entanto, em alguns casos, a comissão pode ser responsável pela implementação da ação recomendada.

A comissão de Carol teve de submeter um relatório detalhado para o Conselho da Associação de Pais e Mestres. Visto que cada uma de suas subcomissões tinha investigado um aspecto diferente do assunto, ela solicitou relatórios por escrito a cada uma delas. Após os relatórios terem sido debatidos como um todo na comissão e decisões terem sido tomadas, as subcomissões revisaram seus relatórios para refletir as decisões.

Carol nomeou um dos membros para fazer um rascunho do relatório da comissão, que foi revisado com cuidado e editado, e cópias dele foram enviadas a cada um dos membros da comissão. O relatório foi aprovado em uma reunião final.

A comissão de Leonard trabalhou de um modo um pouco diferente. A cada membro fora atribuído um aspecto diferente. Um dos membros tinha estudado padrões de tráfego; outro, fatores de custos; e um terceiro, os interesses da comunidade. Uma vez obtidas essas informações específicas, foram realizadas várias reuniões para discutir o problema como um todo.

A partir dessas reuniões foram feitas recomendações e um relatório. Todos os membros contribuíram para o relatório, e o presidente, por sua vez, colocou-o em sua forma final. Mas isso não representou o fim do trabalho. Após a apresentação do relatório Leonard teve de reunir-se com seus superiores para responder a perguntas e defender algumas das recomendações. Sabendo que era algo habitual naquelas circunstâncias, a comissão planejou a apresentação oral e as perguntas ou objeções que poderiam ser levantadas. Como resultado, Leonard estava plenamente preparado para fazer uma apresentação completa, responder às perguntas e rebater as objeções.

Um trabalho de comissão bem-sucedido requer planejamento cuidadoso, designação de cada um dos aspectos do trabalho a pessoas competentes, envolvimento de todos os membros e acompanhamento para garantir que aquilo que foi planejado e definido seja realizado. Após definir cada membro para participar desde o estágio de planejamento até o relatório final, o trabalho do grupo vai acontecer de modo tranquilo e a missão da comissão será efetivamente cumprida.

Fazendo trabalho de comissão

Ouvimos com frequência membros de comissão reclamarem: "Que perda de tempo. Eu poderia ter feito muito mais se tivesse usado esta última hora na minha mesa!" Em um levantamento recente, mais de 70% das pessoas entrevistadas acharam que tinham perdido tempo nas reuniões das quais participaram.

Há esperança. As reuniões podem ser produtivas. Vamos ver algumas maneiras de conduzir reuniões de forma mais eficiente.

Escolha os participantes

Convide apenas participantes apropriados. Alguns gerentes realizam reuniões com sua equipe de funcionários de modo regular — às vezes, semanal, ou até mesmo diariamente. Com muita frequência, muitas das pessoas que participam não estão envolvidas nos assuntos que são discutidos. Ao convidar apenas aqueles que podem contribuir para a reunião ou que serão afetados pelo que é discutido, podemos evitar que os outros percam tempo e reduzir a duração das reuniões.

Quando pessoas que normalmente participam das reuniões não são convidadas, elas podem ficar preocupadas: "Por que não fui convidado? O chefe está querendo me mandar uma indireta? Serei demitido?" Evite essa preocupação explicando de antemão a nova política e a razão de esta ter sido instituída.

Programe uma pauta — e cumpra-a
Uma pauta é a chave do sucesso ou fracasso de uma reunião. Planeje a pauta com cuidado, abordando todas as questões que serão discutidas. Ao determinar com antecedência não apenas quais assuntos serão abordados, como também a ordem deles, a reunião será realizada de modo mais tranquilo.

Ao estabelecer a sequência dos tópicos em uma reunião, coloque os mais complexos no início do programa. As pessoas vão para as reuniões com a mente limpa e são capazes de abordar assuntos mais profundos com mais eficácia no início. Se as questões importantes forem programadas para mais tarde, os participantes apresentam menor chance de prestar atenção e podem ficar distraídos pelo que foi discutido anteriormente.

Pelo menos três dias antes da reunião a pauta deve ser enviada para todas as pessoas que vão participar. Isso permitirá que elas estudem os tópicos e preparem sua contribuição.

Mantenha um controle rígido da pauta. Tópicos que não estão mencionados não devem ser apresentados, a menos que seja uma emergência. Sugira que eles sejam colocados na pauta da próxima reunião.

Faça com que todos se envolvam
Os participantes devem ser incentivados a estudar a pauta e a estar preparados para discutir cada item dela. Caso sejam necessários dados específicos para tratar de uma questão, organize-os através de recursos visuais fáceis de acompanhar (por

exemplo, gráficos ou apostilas) e leve-os para a reunião. Incentive o debate e crie uma atmosfera em que as pessoas possam discordar sem ter medo do ridículo ou de retaliação.

Se for pertinente, forneça cópias dos diagramas, fluxogramas ou outros recursos visuais que foram apresentados durante a reunião. Distribua as cópias para todos os participantes a fim de garantir que eles tenham uma representação clara dos assuntos discutidos. Tais cópias também servem como lembretes permanentes do material, de modo que os participantes podem consultá-las mais tarde, se necessário.

Se houver apostilas mais aprofundadas ou outros materiais de leitura mais densos, distribua-os com bastante antecedência à reunião, para que os membros da equipe possam estudá-los. O foco de uma reunião deve estar na expansão, demonstração e esclarecimento das informações — e não na introdução de conceitos novos, sobretudo material técnico ou complexo.

Como mediador da reunião, faça perguntas que estimulem a discussão. Esteja aberto a perguntas e a discordâncias. É melhor que as pessoas discordem durante a reunião do que sofram com seus problemas durante um longo período de tempo.

Não monopolize a reunião
Gus J. orgulhava-se de mediar reuniões. Ele se gabava de como todos os seus funcionários contribuíam para os assuntos discutidos. Sua equipe, no entanto, tinha uma percepção bem diferente dessas reuniões. "Gus nos diz o que pretende fazer e, depois, pergunta se temos alguma sugestão. Quando um de nós sugere alguma coisa, ele a rejeita no ato, às vezes, até ridicularizando a pessoa que fez a sugestão. Por isso, todos nós geralmente concordamos. Não há participação na verdade."

> Estamos vivendo em uma era de tempo escasso. Se você tem algo a dizer, diga sem rodeios, vá direto ao ponto e pare, dando à outra pessoa chance de falar.
>
> DALE CARNEGIE

Controle tagarelas

Brad é uma daquelas pessoas que tentam brilhar em uma reunião. Ele sempre tem algo a dizer — normalmente, não é nada importante; com frequência, trata-se de uma implicância pessoal; mas sempre atrapalha o curso da discussão.

Aqui estão algumas dicas de como mediadores de reuniões podem tentar manter Brad e outros como ele em silêncio:

- Antes da reunião, fale a sós com Brad: "Sei que você gosta de contribuir para as nossas reuniões e aprecio isso, mas temos um período de tempo limitado e algumas das outras pessoas querem apresentar suas ideias. Então, vamos dar a elas chance de falar, e você e eu podemos discutir seus problemas depois da reunião."
- Caso Brad ainda insista em monopolizar a reunião, espere até que ele faça uma pausa para respirar — o que deve fazer, inevitavelmente — e diga depressa: "Obrigado(a), Brad. Agora vamos ouvir o que Sue tem a dizer."
- Anuncie que cada pessoa tem apenas três minutos para dar sua opinião. Seja flexível com os outros, mas rigoroso com tagarelas como Brad.

Encerre com êxito
Ao final da reunião, após todos os itens da pauta terem sido abordados, o mediador deve resumir o que foi tratado. Caso alguém da equipe tenha recebido atribuições no decorrer da reunião, faça com que esse membro mostre o que entendeu em relação ao que é esperado que faça e ao prazo. Isso resultará em um *feedback* tanto para o líder como para todos os participantes.

Faça atas das reuniões
Tome nota ou designe um participante para fazer isso, a fim de que não haja nenhum mal-entendido do que foi decidido em uma reunião. Essas anotações não precisam ser transcrições detalhadas de toda a discussão, mas um resumo das decisões tomadas para cada assunto. Após a reunião, distribua cópias das atas não apenas para os participantes, como também para todas as pessoas que possam estar envolvidas com o que foi determinado. As atas servirão tanto como um lembrete para os participantes do que foi decidido quanto como uma forma de comunicação para aqueles que não compareceram às reuniões.

Reuniões em organizações voluntárias

As mesmas regras que se aplicam à condução das reuniões de negócios devem ser aplicadas às reuniões de conselho das organizações voluntárias, tais como grupos religiosos, associações comunitárias, clubes e sociedades semelhantes. Às vezes, essas reuniões são conduzidas de forma mais formal.

A estrutura normal de tais reuniões exige que se dê início com uma leitura das atas das reuniões anteriores e, se necessário, que se façam correções dessas. Na sequência, pode-se abrir espaço para relatos dos presidentes das várias subcomissões, depois para uma discussão de negócios antigos, seguida dos negócios novos. Uma pauta que cubra os relatos e "negócios antigos" não apresenta problema, mas há pouco controle em relação aos "negócios novos".

Sandra estava mediando a reunião de conselho do condomínio. Eram 21 horas e eles haviam acabado de completar a seção dos negócios antigos. Como já era tarde e Sandra tinha coisas para fazer em casa, quando ela solicitou que dessem início aos "negócios novos", cruzou os dedos e esperou que nada fosse proposto. Como era de esperar, um membro do conselho tinha um projeto pessoal que estava tentando promover, e a reunião se prolongou por mais uma hora.

Para superar esse problema sugira que as regras sejam modificadas. Em vez de "negócios novos", substitua por "sugestões para a próxima reunião". Ao fazer isso, embora novas ideias possam ser introduzidas, não ocorrerá nenhum debate e as reuniões serão concluídas muito mais cedo. O controle sobre a reunião é assegurado mantendo-se a pauta. Outros assuntos podem ser adiados até que possam ser incorporados à pauta.

Como discordar sem ser desagradável

Mediar uma reunião nem sempre é fácil. Há participantes que discordam de você e que, muitas vezes, são irredutíveis em suas opiniões. Aqui estão algumas sugestões de como lidar com essas pessoas.

Aceite o fato de que a pessoa que discorda de você pode estar certa. Você não tem todas as respostas. Faça perguntas para ajudar a compreender os motivos da opinião da pessoa. Ouça para compreender totalmente e avaliar por que essa pessoa sustenta tal posição. Esclareça quaisquer mal-entendidos. Ela pode não ter compreendido bem as suas evidências. Por outro lado, essa pessoa pode ter levantado alguns fatos sobre os quais você não tivesse conhecimento e que podem exigir que você reavalie sua posição.

Com frequência, a razão para uma discordância é emocional e não factual. A pessoa pode reagir negativamente à sua ideia por alguma razão pessoal — talvez uma experiência ruim com uma ideia semelhante no passado. Discutir com base em evidências é inútil. Tente determinar a verdadeira razão para a discordância e, se possível, lidar com isso.

Não adote o confronto. Em vez de dizer "Você não entende...", diga "A maneira como eu vejo é...". Quando censuramos outra pessoa por não concordarmos com ela, nós a colocamos na defensiva e ficamos sujeitos a ressentimentos que sempre vão atrapalhar quando tivermos de convencê-la a aceitar as nossas ideias de novo.

Releia as sugestões de como discordar sem ser desagradável no Capítulo 6.

Autoavaliação de uma reunião

Da próxima vez que mediarmos uma reunião podemos rever nossa eficácia com a seguinte lista:

Antes da reunião:
1. Foi preparada uma pauta para a reunião?
2. A pauta foi distribuída para os participantes antes da reunião?
3. Foram estabelecidas hora de início e de término para a reunião?
4. Foram preparados recursos visuais e/ou apostilas?
5. Foram atribuídos segmentos do programa aos participantes?
6. Foi nomeado um participante para fazer a ata da reunião?
7. Foram providenciados todos os equipamentos e suprimentos necessários?
   Quadro-negro e giz
   Cavalete com bloco de anotações
   Canetas e blocos de anotações
   Computador e projetor para PowerPoint
   Retroprojetor
   Projetor de slides
   Outros

Durante a reunião
1. A pauta foi mantida?
2. Foi obtida a participação de todos os integrantes?
3. Tagarelas e monopolizadores foram mantidos sob controle?
4. As atribuições foram distribuídas de forma equitativa?
5. Deixamos de expressar nossas ideias até que os participantes tivessem expressado as suas?
6. Os participantes foram incentivados a fazer perguntas?

7. Os outros participantes foram incentivados a responder às perguntas feitas pelos participantes da equipe?
8. Os pontos-chave foram resumidos ao final da reunião?
9. Ficou claro que o participante entendeu suas atribuições antes do encerramento da reunião?
10. A reunião foi finalizada com uma declaração motivacional ou uma solicitação de medidas a serem tomadas?

Após a reunião
1. As atas foram distribuídas aos participantes e a todos que possam vir a estar envolvidos?
2. Houve acompanhamento das atribuições que foram feitas?
3. O *feedback* dos participantes sobre a reunião foi obtido?

Quanto mais respostas "sim", maior terá sido a eficácia na condução da reunião.

As pessoas bem-sucedidas vão tirar proveito de seus próprios erros e tentarão outra vez de uma maneira diferente.

DALE CARNEGIE

Tire o máximo de proveito das reuniões de que participa

Quando mediamos a reunião, temos controle sobre como ela se desenrola, porém, na maioria das vezes, não somos o mediador, e sim um participante. Ao adotar medidas ativas antes, durante e depois da reunião, podemos fazer com que cada uma das reuniões das quais participamos seja uma experiência valiosa de aprendizado.

Quando somos informados da reunião, não devemos apenas inseri-la em nossa agenda e esquecê-la até a data programada. Vale a pena reservar algum tempo para se preparar.

Antes da reunião:
- Estude a pauta. Reveja os assuntos listados. Mesmo que saiba do que se trata, procure certificar-se de que está atualizado a respeito deles. Reveja seus arquivos para estar a par do que tem sido feito até o momento. Se pertinente, leia artigos de publicações técnicas ou comerciais que abordem essas questões.
- Se for uma área nova ou com a qual não esteja familiarizado, estude o material fornecido com atenção. É muito importante fazer uma varredura rápida a fim de pegar os detalhes na reunião.
- Faça anotações dos comentários, ideias ou dúvidas que tenha sobre os assuntos.

Durante a reunião:
- Participe: se tiver comentários, ideias ou dúvidas, não fique em silêncio. Atenção: não fale apenas por falar. Dê seu ponto de vista de maneira sucinta.
- Lide com as divergências: é provável que outros participantes discordem de seu ponto de vista. Não leve isso para o lado pessoal. Ao responder, atenha-se aos fatos. É um debate, não um monólogo.
- Trabalhe em prol do consenso: se o objetivo da reunião for solucionar um problema, contribua para a solução. Ouça os outros pontos de vista. Eles podem ser melhores do que o seu. Esteja preparado para ceder a fim de chegar a soluções satisfatórias.
- Não monopolize a reunião: às vezes, é difícil nos contermos quando temos ideias que queremos expressar. Dê aos outros chance de falar.
- Tome notas das decisões-chave que foram tomadas ou de informações novas que aprendemos.
- Se a reunião resultar em atribuições aos participantes, voluntarie-se de imediato para a tarefa que mais lhe atrair. Caso não tome essa atitude, pode ser que você acabe ficando com uma tarefa não tão interessante nem prazerosa de realizar.

Após a reunião:
- Revise suas notas. Tome atitudes quando necessário.
- Se recebeu uma tarefa, discuta esta com o líder para assegurar que compreendeu o que é exigido e para quando está previsto.

Quando participamos de reuniões corporativas

Muitas pessoas participam de reuniões corporativas. Podem ser seminários, encontros ou convenções de associações profissionais, conferências patrocinadas por organizações com ideias ou propostas que podem ser interessantes para nossa empresa ou para nós. Tais reuniões podem ser realizadas na empresa ou fora das instalações dela.

Aqui estão algumas sugestões para ajudar você a fazer com que essas reuniões valham seu tempo e atenção.

Prepare-se para a reunião
A maioria das conferências e convenções é anunciada com meses de antecedência. Prepare-se para esses eventos da mesma maneira que para uma reunião da empresa, conforme foi sugerido anteriormente. Normalmente, o anúncio é acompanhado por um programa. Estude-o com atenção. Algum assunto do programa requer uma preparação especial? É interessante que você leia sobre assuntos desconhecidos para que isso o ajude a compreender a discussão e a contribuir com ela. Convém reexaminar a experiência de sua empresa em relação ao assunto, de modo que possa relacionar o que está sendo debatido com os problemas de sua própria organização.

Conheça pessoas novas
Na reunião, não sente com seus colegas. Você pode falar com eles a qualquer momento. Se os participantes estiverem sentados diante de mesas, faça questão de sentar-se com pessoas desconhecidos em vários estágios das reuniões. Muitas vezes, em conversas durante o almoço, ou jantar, obtemos mais ideias

dos nossos companheiros de mesa do que dos palestrantes. Anote os nomes e os endereços das pessoas que encontrar nesses eventos. Podem ser uma fonte de informações ou de orientação no futuro.

Quando palestrantes convidados falarem em uma reunião, anote seus nomes e endereços. Pode ser que você queira contatar alguns deles para mais informações.

Mantenha a mente aberta
Para tirar proveito máximo do que o palestrante diz, mantenha a mente aberta para novas sugestões. Elas podem ser bem diferentes do que acreditamos ser o melhor, mas, enquanto não ouvirmos tudo e pensarmos de modo objetivo, não podemos ter certeza. O progresso vem através da mudança. Isso não significa que todas as ideias novas sejam boas, mas elas devem ser ouvidas, avaliadas e consideradas com atenção e de maneira objetiva.

Seja tolerante
Às vezes, nos deparamos com um palestrante que nos provoca antipatia imediata. Não gostamos de sua aparência, do seu modo de vestir, de sua voz ou do seu sotaque e, então, paramos de ouvir ou rejeitamos o que ele tinha a falar. O preconceito contra um palestrante impede o participante de ouvir de fato o que é discutido ou de aceitar as ideias apresentadas.

Faça anotações
O ato de fazer anotações tem duas funções importantes. Em primeiro lugar, ajuda a organizar o que ouvimos, fazendo com que escutemos de modo mais sistemático enquanto estamos na reunião. Em segundo, constitui uma fonte de referência futura.

Mantenha uma página para "ideias interessantes"
Use essa página do seu caderno para listar ideias interessantes que tiver durante a reunião. Devem ser itens que você não quer de modo algum esquecer.

Faça perguntas
Não hesite em fazer perguntas a um palestrante quando surgir a oportunidade. Porém, não desperdice o tempo da reunião com perguntas triviais. Evite fazer um prefácio à sua pergunta com comentários longos. Seja claro e breve.

Durante uma apresentação formal não é apropriado interromper o palestrante. Quando pensar em uma pergunta, anote-a na última página do seu caderno. Este será um lembrete para que você não esqueça as perguntas que deseja fazer quando chegar o momento oportuno.

Seja um participante ativo
Contribua com ideias. Na maioria das reuniões há pessoas que compartilham de bom grado ideias e informações; outras, apenas sentam e ouvem. Quando questionadas sobre o motivo de não terem participado de modo mais atuante, uma resposta comum de ser ouvida é: "Por que deveria revelar minhas ideias para essas pessoas? Algumas delas são minhas concorrentes e não vou entregar de bandeja meus segredos de negócio."

Ninguém espera que você fale alguma coisa que possa prejudicar sua empresa ou a posição competitiva dela, e, de qualquer forma, a maioria das discussões não é dessa natureza. Elas são concebidas para promover o intercâmbio de ideias que sejam de valor para a maioria dos participantes. A experiência de uma organização ajuda outras organizações. Ao contribuir com ideias, oferecemos experiências mais ricas para os outros, o que, por sua vez, acaba resultando em uma experiência mais gratificante para nós mesmos.

Após a reunião
Após a reunião, faça um resumo do que você aprendeu. Revise suas anotações enquanto a reunião ainda estiver fresca em sua mente. Assim que possível, depois de retornar ao seu escritório, escreva ou dite um resumo sobre a conferência para manter em seus arquivos permanentes.

Aborde tudo o que aprendeu. Envie um relatório breve para seu chefe ou outras pessoas de sua empresa que possam achar as informações úteis. Discuta essas informações com seus colegas. Ao compartilhar o que aprendeu, você valoriza sua empresa por tê-lo mandado para o programa.

Coloque o aprendizado em prática
Se não fizermos nada com o que aprendemos durante a reunião, terá sido perda de tempo e de dinheiro.

Pontos importantes

- Toda reunião deve ter um propósito, e o mediador deve certificar-se de que o propósito foi alcançado.
- Vários dias antes da reunião, prepare uma pauta e distribua-a para todos os possíveis participantes.
- Prepare materiais e providencie com antecedência os equipamentos que pretende utilizar. Além disso, certifique-se de que os equipamentos necessários para exibir

recursos visuais estejam à mão e de que haja cópias de apostilas em número suficiente para todos os participantes.
- Estabeleça um clima interativo, facilitando a contribuição das pessoas tímidas ou hesitantes. Todos os participantes devem ser incentivados a participar. Não permita que os tagarelas monopolizem a reunião. Dê prioridade à participação das pessoas tímidas e hesitantes.
- No momento em que a reunião acabar, os participantes devem ter a clara compreensão dos assuntos discutidos. Dê a todos chance de fazer perguntas, faça um resumo do que foi abordado e verifique se os participantes que receberam atribuições durante a reunião entenderam o que devem fazer e quando. Encerre a reunião com uma solicitação para que sejam tomadas medidas ou com uma mensagem inspiradora.
- Podemos tirar o máximo de proveito das reuniões ou conferências de que participamos seguindo as sugestões feitas na última seção deste capítulo.

CAPÍTULO 8

Coloque tudo por escrito

"Quando converso com alguém, pessoalmente ou por telefone, não tenho dificuldade em me fazer entender. Porém, quando tenho que escrever uma carta ou relatório, dou a impressão de ser empolado e inadequado." Esse comentário não foi feito por um estudante de colégio que abandonou os estudos, mas por um engenheiro formado e com mestrado em administração de empresas. Muitas pessoas que são articuladas em comunicação verbal ficam paralisadas quando têm de passar suas ideias para o papel.

Uma das razões para que isso ocorra é a noção equivocada de que as palavras escritas devam soar mais formais do que a mensagem falada. Isso resulta em cartas e relatórios que parecem rígidos e artificiais.

Palavras escritas diferem de palavras faladas porque o significado transmitido através da comunicação verbal vem acompanhado do tom de voz e da linguagem corporal. Além disso, se o significado não estiver claro, o orador tem consciência disso imediatamente, devido à maneira como a mensagem é recebida e pelas perguntas feitas pelo público.

Alguns indivíduos tentam evitar um projeto que exija relatório por escrito. Eles se sentem inadequados e malpreparados para assumir essa atribuição. Não há razão para temer mais um relatório escrito do que uma exposição oral. Trata-se de uma habilidade que pode ser aprendida e, quando dominada, contribui para incrementar o crescimento profissional.

> As pessoas que aceitam responsabilidades sobressaem em relação às outras, seja em um escritório, em uma fábrica ou em qualquer circunstância da vida, e são elas que chegam à frente. Receba a responsabilidade. Faça isso nas pequenas e nas grandes coisas e o sucesso chegará até você.
>
> DALE CARNEGIE

Para que a mensagem escrita seja transmitida ao leitor com o mesmo impacto das palavras faladas a linguagem das cartas e relatórios deve ser um pouco diferente da utilizada no ato de falar. No entanto, não há necessidade de ser completamente diferente. As sugestões a seguir vão ajudá-lo a escrever da mesma maneira como se fala e sem soar afetado.

Planeje a mensagem antes de escrever uma palavra

Pense antes de escrever. Deborah K. recebeu muitos elogios por suas cartas. Ela se orgulha disso com toda razão. Deborah faz um rascunho de cada carta com atenção antes de ditar ou escrevê-la.

Uma análise dos rascunhos das cartas de Deborah indica que ela não apenas elenca os pontos a serem abordados, mas coloca-os em ordem de importância, para que a carta comece imediatamente com o que é do maior interesse para o leitor. Em vez de começar pelas informações-padrão com material de referência, ela as cita de imediato e prossegue com quaisquer questões adicionais que sejam absolutamente necessárias para enfatizá-las.

Por exemplo, em vez do preâmbulo comum: "Em resposta à sua carta solicitando informações sobre o nosso Modelo #1754..." ela escrevia: "Sim, nosso Modelo #1754 solucionará o seu problema" e, em seguida, fornecia argumentos. Em vez de terminar com "Obrigada por sua consulta", ela concluía com: "Aguardamos o recebimento do seu pedido." Declarações como essas indicam uma resposta direta e dinâmica para o questionamento e estimulam uma ação positiva imediata.

Adote o PAB para criar a mensagem

Uma boa regra a seguir é planejar cuidadosamente o que se quer dizer antes de escrever uma única palavra. Este simples processo ajuda a planejar a carta ou relatório. Ele pode ser resumido através da sigla PAB, que fornece pistas para nos ajudar a pensar de maneira clara sobre o que queremos escrever antes de começar a fazê-lo.

Pense sobre a situação: Por que estou escrevendo isso?
A ção: O que quero realizar?
B enefício: De que maneira isso vai ser útil para o leitor?

Faça essas perguntas. Anote as respostas em um bloco de rascunho. Ao aplicar o PAB antes de escrever é possível ter uma ideia clara do que se quer transmitir. A lista ajuda a organizar todas as informações que dizem respeito à situação sobre a qual estamos escrevendo, indica o que queremos fazer, como lidar com isso e como essas ações beneficiarão nossos leitores.

Seja completo, conciso e claro

Como uma carta pode ser concisa e, ao mesmo tempo, completa e clara? Inúmeras pessoas incluem muito material extra em cartas ou relatórios. Quando Enrique retornou de uma viagem de negócios à América Latina, seu relatório tinha dez páginas. Certamente estava completo, mas boa parte das considerações era composta por informações não essenciais e sem qualquer relevância para sua missão. Ele relatou tudo o que viu e ouviu, em vez de se concentrar nos objetivos de sua viagem.

Faça estas perguntas antes de escrever uma carta ou relatório longo:

"Quais são as questões-chave a serem discutidas?"

"Como posso apresentar estas questões da forma mais concisa e fornecer todas as informações da forma mais clara possível?"

Após escrever o primeiro rascunho, releia cada frase e pergunte: "Esta frase é realmente necessária?"

Evite jargões

A carta que Gary estava lendo o deixou confuso. Havia inúmeras referências às vantagens de se lidar com um "FEO", e Gary não tinha ideia do que aquela sigla significava. O fornecedor partiu do pressuposto de que Gary sabia que a sigla significava "Fabricante do Equipamento Original" e, ao pressupor isso equivocadamente, deixou de transmitir a mensagem. Iniciais, siglas e outros jargões podem ser usados em comunicação com pessoas da mesma área de atuação. Não se pode pressupor que os outros conheçam os termos.

No entanto, ao escrevermos uma carta utilizando os jargões da área de atuação do destinatário, podemos ter um reconhecimento favorável por parte do leitor.

Use frases curtas e incisivas

Podemos ficar impressionados com a excelência da nossa retórica, mas nossa carta será compreendida pelo leitor com mais facilidade se evitarmos frases com várias orações complexas. A sentença declarativa simples geralmente é a melhor. Em vez de dizer: "Em face da pesquisa neste campo acreditamos que o programa que estamos oferecendo vai facilitar as habilidades de escrita dos empregados que participarem do treinamento", diga: "Este programa ensinará seus funcionários a escrever melhor."

Entretanto, evite estruturar todas as frases da mesma forma. Isso faz com que a carta fique enfadonha. Curta e incisiva, sim; simples e monótona, não. Coloque os pontos principais em destaque, como a manchete de um artigo de jornal; complemente-os com detalhes, se necessário, usando uma estrutura de palavras mais variada.

Vá direto ao ponto

Fique longe de construções de sentenças complexas ou fraseologias (expressões idiomáticas) extravagantes. Mantenha a escrita o mais curta possível, porém, torne-a incisiva. Uma das maneiras de fazer com que os pontos fiquem em destaque é escrever o item em forma de boletim:

- Coloque o ponto principal em forma de manchete — use negrito.
- Quebre o corpo da carta ou relatório em seções separadas, uma para cada ponto secundário.
- Use um asterisco (*) ou marcador (•) para realçar os pontos-chave.
- Se necessário, use gráficos, quadros ou outros recursos visuais para aumentar o impacto de nossas palavras.

Fale com o leitor

A mensagem será mais clara e mais facilmente aceita pelo leitor se for escrita do modo como se fala. Imagine que a pessoa que vai ler a carta ou o relatório esteja no escritório ou com você ao telefone. Seja informal. Relaxe. Fale como de costume, utilizando o mesmo vocabulário, pronúncia, expressões idiomáticas e gírias.

Não falaríamos normalmente: "Por favor, esteja ciente..." ou "Gostaríamos de informá-lo que, devido ao incêndio em nossa fábrica, haverá um atraso de dez dias no envio de seu pedido". Em vez disso, iríamos direto para a mensagem: "Devido ao incêndio em nossa fábrica haverá um atraso de dez dias na entrega de seu pedido." Então, por que não escrever apenas isso?

Use perguntas diretas

Uma conversa não é unilateral. Uma pessoa fala e, em seguida, a outra responde, em geral, com uma pergunta. "Sim, mas como isso afetará a qualidade?" Ao introduzir perguntas na carta é possível obter a atenção do leitor para pontos específicos. Após uma observação, faça uma pergunta pertinente, tal como: "Quais aplicações adicionais podem ser encontradas com a instalação deste software?" Isso possibilita que o leitor tenha oportunidade de refletir sobre a mensagem, em termos que sejam específicos para as necessidades dele.

Escreva como se fala

Ao falarmos, utilizamos "eu", "nós" e "você" o tempo todo. Tais pronomes fazem parte do processo normal de dar e receber da conversa. Ao escrevermos, temos a tendência de ser mais formais. Usamos frases como: "Supõe-se que", "recomenda-se que..." ou sentenças como: "Será feita uma investigação e, quando de sua conclusão, será fornecido um relatório para sua empresa." Por que não declarar de modo claro: "Estamos investigando a questão e, quando obtivermos as informações, entraremos em contato."

Faça com que a carta soe mais pessoal. Use o nome do destinatário. Se ele for amigo, pode-se usar o primeiro nome; se for colega de negócios, utilize a designação apropriada (Sr., Sra., Srta., Dr. etc.) e o primeiro nome. Em vez de dizer: "a empresa se beneficiará ao usar este produto", diga: "Pois, então, Beth (ou Sra. Beth), você vê como o uso deste produto vai lhe trazer benefícios?"

Use frases curtas e enérgicas

O leitor comum pode assimilar apenas tantas palavras quanto seus olhos permitirem antes de um breve repouso por um período. Se uma sentença tiver muitas palavras, há chances de se perder o significado como um todo. Estudos mostram que as sentenças com não mais de vinte palavras são mais fáceis de ler e absorver. Normalmente, fica bastante perceptível onde uma ideia termina e outra começa. Limite cada frase a uma ideia. Lembre-se de que o nosso objetivo é passar a ideia para o leitor — não entrar para a literatura universal. Também é mais útil usar palavras curtas.

É claro que a linguagem técnica é apropriada ao se escrever sobre assuntos técnicos para pessoas treinadas nessas áreas. No entanto, ao escrever para pessoas que podem não ter formação em sua área, evite linguagem e jargões que elas provavelmente não conheçam.

Confira às cartas o toque pessoal adequado

Expressar nossos sentimentos com naturalidade personaliza a mensagem. Se for uma boa notícia, diga que está contente; se for má notícia, diga que sente muito. Devemos agir com tanta cortesia, educação e interesse quanto se o destinatário estivesse à nossa frente. Lembre-se de que a pessoa que vai ler a carta é um ser humano que ficará aborrecido se a carta for fria, e satisfeito se ela for educada e amigável.

Faça cartas e relatórios memoráveis

Os relatórios e as cartas são de certo modo "visuais", mas, quando são lidos, tornam-se uma entrada de áudio. Absorvemos os dados lendo-os para nós mesmos. A mente processa isso da mesma forma como lida com as palavras que ouve. Ao incrementar os relatórios e as cartas com recursos visuais, esses documentos tornam-se muito mais eficazes. A maioria das pessoas prefere estudar um gráfico ou quadro do que ler uma coluna de números. Gastando-se um pouco mais de tempo para converter as informações em formato gráfico, os relatórios terão muito mais impacto. Para as pessoas que gostam de ler números, pode-se incluí-los como dados de apoio. Quando possível, inclua também desenhos, fotografias ou outras imagens visuais, que transformam os relatórios em difusores simultâneos.

Há muitos programas de computador disponíveis que podem converter facilmente os dados em uma variedade de formatos de gráficos ou quadros. E, caso esses quadros sejam apresentados a cores, seu impacto é mais potencializado ainda.

Quando não for o caso do uso de gráficos, utilize imagens verbais nos relatórios. Vamos analisar dois relatórios sobre rotatividade de pessoal:

"A rotatividade no departamento de expedição causou uma sobrecarga de trabalho para os funcionários desse setor, resultando em acidentes, doenças devido à fadiga e mais demissões. Isso levou ao não envio de pedidos e a reclamações de clientes."

Agora vamos usar algumas imagens verbais: "Entrei no departamento de expedição esta manhã. Apenas seis pessoas estavam trabalhando, em vez da equipe toda, de dez funcionários. Eles estavam trabalhando sob enorme pressão, para tentar despachar os pedidos. Trabalharam dez horas ontem, e eu pude ver os sinais de fadiga em seus rostos e na maneira como desempanhavam a atividade. Um homem estava mancando, como resultado de um pequeno acidente. Enquanto estive lá, três clientes ligaram reclamando por não terem recebido seus pedidos na data prometida."

O primeiro relatório contou os fatos, mas o segundo exemplo permitiu que o leitor "visualizasse" a situação. O uso de imagens verbais e visuais, quando apropriado, faz com que a comunicação — tanto oral como escrita — se torne mais clara e mais dramática.

> Seu objetivo é fazer com que seu público veja o que você viu, ouça o que você ouviu, sinta o que você sentiu. O detalhe relevante, redigido através da linguagem concreta e colorida, é o melhor modo de recriar o episódio como ele aconteceu, e retratá-lo para o público.
>
> DALE CARNEGIE

Observe a gramática e a ortografia

Nem sempre podemos contar com uma secretária para corrigir nossos erros de gramática, de estrutura sintática e de ortografia. Hoje, muitos gerentes não têm secretárias ou assistentes administrativos. Eles redigem sua própria correspondência. Se você tiver dificuldade em gramática ou ortografia, procure um colega para ser o seu "editor" *in-company* para sugestões e revisões construtivas. O recurso de "verificação ortográfica" em um programa de processamento de texto é de grande ajuda, uma vez que capta a maioria dos erros de digitação e de ortografia, mas, ainda assim, temos de reler o documento com atenção, pois um corretor jamais consegue pegar todos os erros. Mesmo se você for um dos poucos sortudos com um assistente à sua disposição, deve verificar tudo o que tem sua assinatura.

Como finalizar a carta

Antes de redigir o parágrafo final de uma carta ou relatório, reveja o que deseja alcançar. Se a carta for uma resposta a uma solicitação de informações, devemos nos perguntar: "Fornecemos as informações solicitadas?" Se a carta se destinar a obter medidas por parte do destinatário: "Especificamos qual medida queremos?"

Tenha em mente que o último parágrafo é sua chance final de chegar ao seu objetivo. Assim como um bom vendedor sempre finaliza uma chamada de vendas ou carta de vendas solicitando o pedido, qualquer bom redator de cartas deve solicitar, ao final dela, que o destinatário tome a medida orientada pela carta. Um "obrigado(a)" é sempre apropriado, mas por si só não é suficiente. Em vez de dizer "Obrigado(a) por sua consideração" é muito melhor concluir a carta com: "Obrigado(a) por assinar e devolver o contrato de manutenção anexado, que lhe garantirá o uso sem preocupação de seu equipamento para os próximos 12 meses."

Sua escrita pode ser melhorada por meio do planejamento das cartas e se você seguir as sugestões acima. Assim, em cada carta que enviarmos, transmitiremos a mensagem em um estilo de ler fácil e convincente.

Como lidar com a correspondência recebida

Conforme já foi ressaltado neste livro, a comunicação é uma via de mão dupla. Nós não apenas enviamos informações, como também as recebemos. Já aprendemos como ser receptores eficazes de comunicação oral em capítulos anteriores. É importante aprender como recepcionar a comunicação escrita também.

Ler e responder cartas e relatórios pode tomar bastante tempo e energia.

Toda manhã, quando Don M. esvaziava sua caixa de entrada, ele lia cada uma das cartas, relatórios, folhetos e outros itens e, com cuidado, os dividia em quatro pilhas, dispostas ordenadamente. Na primeira pilha, colocava cartas e relatórios que exigiam resposta imediata; na segunda, a correspondência para a qual ele precisaria de informações adicionais ou que poderia ser delegada a um subordinado; na terceira, materiais para os quais ele não teria que tomar nenhuma medida, apenas lê-los e arquivá-los; e, na quarta, a correspondência sem interesse que seria descartada imediatamente.

Don programava algum tempo para responder sua correspondência em um horário conveniente a cada dia. Naquele momento, ele relia cada uma das cartas para que pudesse responder de modo apropriado. Em outro momento durante o dia releria os relatórios e as cartas da segunda pilha, buscaria as informações necessárias ou delegaria esta tarefa a outra pessoa. Após ler os relatórios e as cartas da terceira pilha — aquelas que não exigiam nenhuma ação —, o material seria entregue à sua secretária para ser arquivado.

O tempo despendido na leitura e releitura de cada uma dessas correspondências tomava um precioso tempo da jornada de trabalho de Don. Podemos lidar com isso de modo muito mais eficaz.

Leia a carta uma única vez e tome medidas imediatas

Ao ler uma carta pela primeira vez, faça anotações em um post-it sobre os pontos-chave que serão necessários para a resposta. Depois, ao ditar ou redigir a resposta, não é necessário reler a carta inteira. É possível economizar de dois a três minutos por carta, mas, se forem respondidas trinta cartas por dia, serão noventa minutos a mais para utilizar em questões mais produtivas.

Use a mesma abordagem com cartas e relatórios para os quais precise de informações adicionais. Na primeira leitura, observe quais informações são necessárias, a fonte a partir da qual se pode obtê-las, as pessoas para quem esta tarefa deve ser delegada e quaisquer instruções pertinentes.

Não responda um memorando com outro memorando

Recebemos um memorando do gerente de outro departamento solicitando o inventário de estoque de uma lista de itens, especificando os itens pelo nome e número de estoque. Normalmente, nós respondemos por escrito um memorando declarando: "Em razão de seu pedido, aqui está o inventário de estoque atual dos itens a seguir." Em seguida, listamos cada um dos itens pelo nome, número de estoque e a quantidade disponível.

É mais eficaz simplesmente escrever as quantidades próximas ao nome e número do item no memorando original. Isso proporciona considerável economia de tempo e serve ao propósito. Em muitos casos, nem mesmo cópias são necessárias, mas, se houver necessidade, faça uma fotocópia do memorando original com os dados anotados. Pode-se adotar uma abordagem semelhante ao responder cartas que vêm de fora da empresa. Se a solicitação feita pelo emissor puder ser respondida em uma única frase, simplesmente redija a resposta no rodapé da carta recebida e a envie de volta para o emissor.

Entretanto, se é política da empresa que se responda a correspondência de um modo mais formal, reserve algum tempo para escrever uma carta. Às vezes, a imagem apresentada aos clientes ou ao público é mais importante do que o tempo economizado.

Delegue a correspondência

As informações solicitadas em uma carta ou relatório devem, muitas vezes, ser obtidas a partir de um subordinado. Em vez de pedir ao subordinado que apenas obtenha as informações, dê a ele a responsabilidade total de redigir a resposta. Isso não poupa nosso tempo, mas proporciona uma experiência valiosa ao subordinado no que diz respeito ao desempenho da tarefa como um todo. No início, você provavelmente vai querer ler e assinar a carta final, mas, à medida que o subordinado estiver mais familiarizado com as áreas abordadas, pode não ser mais necessário o nosso envolvimento.

Mande-os para a lixeira

Muitas cartas e relatórios são enviados por outros departamentos apenas para nos informar sobre o desempenho de suas atividades e não exigem nenhuma resposta. É improvável que, em algum momento, tenhamos necessidade de consultá-los novamente. Não é preciso arquivá-los, simplesmente mande-os para a lixeira! Isso pode ser uma coisa chocante de se fazer em muitas empresas, mas não há necessidade real de se guardar grande parte desses relatórios. Com a possibilidade remota de que o arquivo descartado venha a ser necessário, a pessoa que escreveu e a pessoa que recebeu o original podem, sem sombra de dúvida, nos fornecer uma cópia. Mandar para a lixeira cartas e relatórios que não exigem resposta não apenas poupa nosso tempo, como também poupa o tempo da nossa equipe de funcionários e evita que os arquivos fiquem superlotados.

A explosão do e-mail

Deve-se dar tanta atenção à redação de e-mails quanto se dá à redação de cartas e relatórios. Lembre-se de que o e-mail é uma forma de comunicação escrita. Muitas pessoas acham que o e-mail é um substituto do telefonema e, por isso, escrevem suas mensagens com rapidez e pouca ou nenhuma consideração em termos de estilo ou mesmo conteúdo. Ao contrário do telefonema, o e-mail pode ser guardado eletronicamente ou em papel impresso e, portanto, deve ser planejado e redigido com atenção.

Cada vez mais a comunicação intrapessoal e interpessoal é feita via e-mail. De acordo com uma pesquisa conduzida pela Ernst & Young, 36% dos entrevistados usam e-mail mais do que qualquer outra ferramenta de comunicação, incluindo o telefone.

Atualmente, muitos gerentes, sobretudo os mais jovens, usam mensagens de texto, através de celulares, como complemento ou em substituição aos e-mails. O uso de mensagens de texto para fins comerciais cresceu significativamente durante a primeira década do século XXI. Alguns usos práticos da mensagem de texto incluem o SMS para envio de alertas (por exemplo: "O atendimento telefônico está sobrecarregado"), para confirmação de entrega ou outras tarefas e para comunicação imediata entre um prestador de serviços e um cliente (por exemplo: corretor da Bolsa e investidor).

Para utilizar mensagens de texto para envio de informações mais detalhadas siga as mesmas sugestões apresentadas para envio de e-mails eficazes.

Escreva e-mails animados, expressivos e envolventes

Aqui estão algumas dicas para ajudar a escrever e-mails e mensagens de texto:

- Pense com cuidado sobre o que será escrito. Se a mensagem for mais do que um simples bate-papo casual, planeje-a com tanto esmero quanto para uma carta formal. Se for para dar instruções, certifique-se de que o leitor sabe exatamente qual medida você está solicitando. Se for responder a uma consulta, ou um questionamento, certifique-se de ter reunido todas as informações necessárias para responder apropriadamente as perguntas feitas.
- Use uma linha de assunto significativa. Nosso destinatário pode receber dezenas, até centenas, de mensagens de correio eletrônico por dia. Para ter certeza de que

sua mensagem seja lida de imediato use um título para o "assunto" que seja significativo para o destinatário. Por exemplo, em vez de "RE: seu e-mail de 25/06", use a linha de assunto para se referir às informações contidas no e-mail (por exemplo: "Números de vendas para junho").

- Siga as sugestões dadas anteriormente neste capítulo sobre como escrever cartas e relatórios. Use a abordagem PAB. Utilize frases curtas e incisivas. Seja claro, conciso e completo. Atenha-se ao ponto e seja breve.
- Se houver arquivos anexados ao e-mail, especifique no texto quais arquivos estão em anexo, de modo que o leitor possa verificar e certificar-se de que todos chegaram.
- Não use abreviaturas, jargões ou atalhos, a menos que tenha certeza de que o receptor vá compreendê-los.
- Leia a mensagem com atenção e verifique a ortografia antes de clicar em "enviar". Se não estiver satisfeito, não envie a mensagem. Adie-a um pouco. Analise-a e, então, reescreva-a. Certifique-se de que esteja tudo certo antes de enviá-la.

Se você acredita no que está fazendo, não deixe que nada atrapalhe seu trabalho. Grande parte dos melhores trabalhos do mundo foram realizados contra aparentes impossibilidades. O segredo é realizar o trabalho.

DALE CARNEGIE

Descontrole de e-mails

Algumas pessoas recebem tantos e-mails que, além de não ter tempo de lê-los, ainda têm seu rendimento comprometido.

Em muitas empresas os empregados gastam um tempo precioso no computador, lendo e-mails com piadas, mensagens pessoais, ofertas ("Tenho seis gatinhos lindos à procura de um lar") e informações que normalmente têm pouca importância para a maioria dos receptores. Algumas empresas diminuem a entrada de e-mails desnecessários, ou SPAM, em seus e-mails através do estabelecimento de um "anúncio classificado" especial ou endereço de e-mail em quadro de avisos para essas mensagens.

Um outro exemplo de SPAM é enviar um e-mail para um *mailing list* inteiro, quando apenas algumas poucas pessoas da lista precisam da informação. Por exemplo, algumas pessoas, quando planejam tirar um dia de folga, anunciam seus planos para "todos" da lista, desse modo alertando 35 pessoas, quando apenas cinco ou seis de fato precisam saber da informação. Talvez façam isso para inflar seu próprio ego ou, mais provavelmente, porque acham mais fácil sair clicando no nome de todos do que parar para pensar em quem realmente precisa saber da mensagem. Em resposta a um e-mail, não clique em "responder a todos", a menos que *todos* os destinatários precisem ler a mensagem.

O excesso de e-mails pode fazer com que a mensagem seja ignorada ou inadvertidamente deletada. Peça para o receptor acusar o recebimento do e-mail. Se os assuntos envolvidos são muito importantes, faça um contato via telefone para garantir que a mensagem tenha sido recebida e compreendida.

"Quem está lendo meu e-mail?"

O quanto o nosso e-mail é privado? Não muito. Claro, nós podemos ter uma senha e pressupor que esta assegure a privacidade, mas os hackers já demonstraram que eles podem invadir com facilidade até mesmo sistemas sofisticados. Tenha em mente que qualquer coisa enviada via e-mail pode ser interceptada. Em caso de se exigir confidencialidade, o e-mail não é um meio apropriado para tal.

Lembre-se de que qualquer e-mail enviado através do computador corporativo pode ser lido por qualquer pessoa na empresa. Ao longo dos últimos anos ocorreram casos em que funcionários foram demitidos por causa do envio de e-mails que violaram as normas da empresa. Os tribunais rejeitaram as reivindicações desses funcionários, que alegavam invasão de privacidade.

Mais sério são os casos de pessoas que fizeram comentários ou piadas em e-mails que foram considerados sexual ou racialmente ofensivos. As cópias impressas desses e-mails foram utilizadas como prova em ações contra as empresas dos empregados, ainda que os funcionários da empresa não tivessem conhecimento das mensagens. Isso levou à demissão daqueles que enviaram os e-mails, assim como a medidas legais contra eles e contra as empresas em que trabalhavam.

E-mail *versus* telefonemas ou visitas

Muitas pessoas tendem a recorrer ao e-mail em vez de fazer uma ligação ou uma visita pessoal. Utilizar e-mail é, em geral, um meio mais fácil. Não temos de sair de nossas mesas e é menos demorado do que um telefonema. Não se desperdiça tempo em pequenas conversas ou longas discussões sobre um projeto. Tudo o que é enviado é a mensagem fundamental. Porém, muitas vezes, aquela breve conversa ou a discussão de prós e contras é importante. Além disso, a ligação telefônica permite um *feedback* imediato. Ela não apenas ajuda a esclarecer a mensagem, como também assegura que tanto nós quanto as outras pessoas entendam da mesma maneira as questões envolvidas.

Não substitua o telefonema e os contatos pessoais pelo e-mail. O contato de voz para voz ou olhos nos olhos com pessoas com quem lidamos regularmente fortalece o relacionamento pessoal, algo tão importante na construção e manutenção de uma parceria.

Resumo do que fazer e do que não fazer em e-mails

1. Planeje e-mails e mensagens de texto com atenção.
2. Leia e releia a mensagem antes de clicar em "enviar".
3. Informe aos destinatários quando o e-mail não requer resposta. Isso poupará tempo e trabalho para ambas as partes.
4. Use marcadores em vez de parágrafos. Fica mais fácil para ler e captar os pontos-chave.
5. Não envie piadas ou histórias de mau gosto através do e-mail da empresa.
6. Responda imediatamente ao e-mail recebido, sobretudo quando se requer atenção imediata. Velocidade de comunicação é a principal vantagem desse meio.

7. Não use e-mail em substituição aos contatos telefônico ou pessoal. É importante manter os relacionamentos de voz para voz e olhos nos olhos com as pessoas com as quais lidamos.
8. Não troque e-mails de piadas, não envie nem responda correntes. Também não perca tempo com outras atividades via e-mail durante seu período de expediente e nos computadores da empresa.
9. Não faça download nos computadores da empresa de material pornográfico ou itens que sejam pejorativos a quaisquer grupos étnicos ou raciais. Lembre-se de que nossos e-mails podem ser lidos por qualquer um e podem ofender outras pessoas na organização. E que, além disso, podem levar ao constrangimento e, possivelmente, à acusação de preconceito ou assédio sexual.
10. Não espalhe fofocas ou boatos através de e-mail. Se já é ruim o suficiente quando a fofoca é repetida por telefone ou pessoalmente, por e-mail ocorre uma expansão exponencial do número de pessoas que recebem tais informações.
11. Verifique se e-mails importantes foram recebidos, solicitando ao destinatário que acuse o recebimento e/ou fazendo o acompanhamento com um telefonema.
12. Não envie uma mensagem para toda a sua lista, a menos que a mensagem se aplique a todos.

Como escrever relatórios melhores

A maioria dos gerentes tem de escrever relatórios sobre suas atividades ou sobre projetos especiais designados por seus chefes. Esses relatórios não só com frequência são cruciais para o sucesso de um projeto, como também o autor é julgado pela composição de seu conteúdo e pela forma.

Denise, gerente de compras de uma empresa de móveis, ficou chocada quando leu e releu o relatório apresentado por Gary, seu novo assistente. Ela havia lhe pedido que fizesse uma pesquisa para saber qual dos inúmeros tipos de caminhões com empilhadeiras poderia atender melhor suas necessidades. O relatório dele estava totalmente insatisfatório. Era superficial, sem uma análise clara, e também omitia alguns dos pontos-chave necessários para se tomar uma decisão lógica.

A pesquisa teria de ser repetida, e isso poderia atrasar seriamente a compra do equipamento necessário. Aquela era a primeira missão significativa de Gary, e Denise ficou muito desapontada. Talvez ela tivesse cometido um erro em promovê-lo para o cargo.

Muitas pessoas falham ao apresentar relatórios maldesenvolvidos, mal-estruturados e, além disso, mal-escritos. Por quê? Talvez elas acreditem que apresentar os dados básicos seja o adequado. Um bom relatório deve conter muito mais do que apenas as informações básicas. Deve permitir que o leitor obtenha informação suficiente do assunto abordado para que possa tomar quaisquer decisões necessárias. Deve, também, ser escrito de forma clara e concisa, de modo que o leitor não tenha de passar por elementos irrelevantes para chegar aos pontos-chave de interesse.

Obtenha todos os fatos

O planejamento cuidadoso deve ir para o relatório. Quando Gary recebeu a tarefa de obter informações sobre os equipamentos, tudo o que ele fez foi solicitar algumas publicações dos três principais fabricantes, abstrair alguns fatos e resumir suas descobertas no relatório.

O que Gary deveria ter feito para ser mais eficaz?

1. Defina o problema: Qual é o objetivo do relatório? Muito tempo, esforço e dinheiro foram desperdiçados por ele não saber o que realmente era requerido. Gary devia ter pedido à Denise que definisse de modo claro o que ela queria saber. Se o autor do relatório não souber como este será utilizado, pode acabar despendendo mais tempo em aspectos secundários da situação, em vez das áreas realmente importantes.

2. Obtenha os fatos: Uma vez esclarecidos os objetivos, tente obter todas as informações necessárias. Gary agiu corretamente ao solicitar as publicações dos fabricantes, mas não se aprofundou o suficiente. Além disso, ele deveria ter discutido a situação com as pessoas de sua empresa que utilizariam as empilhadeiras, para saber quais os problemas específicos que eles enfrentavam e como os novos equipamentos poderiam ajudá-los. Também deveria ter entrevistado representantes de vendas de distribuidores locais dessas empilhadeiras e falado com outros usuários desse tipo de equipamento para saber a opinião deles e, talvez, descobrir outros equipamentos que pudessem ser até mais adequados para suas necessidades.

3. Analise os fatos: Uma vez colhidas as informações, todos os fatos devem ser reunidos, relacionados e analisados através de itens e da comparação das vantagens e limitações de cada caminhão-empilhadeira, buscando maior facilidade para determinar de que forma eles se encaixam nos objetivos gerais desejados. Se houver uma vantagem nítida de compra de um produto, Gary deve recomendá-lo. Entretanto, é melhor apresentar mais de uma alternativa para que Denise possa tomar sua própria decisão.

Ao juntar e analisar os fatos, é útil usar algum sistema para manter as informações reunidas e em ordem. Uma boa técnica é abrir uma pasta do computador para o projeto e criar arquivos nela para cada categoria principal do estudo. Para complementar isso, organize em uma pasta ou envelope a literatura de vendas apropriada, relatórios das entrevistas, cópias impressas de valores de custo e outros. A classificação prévia dos fatos, e não a posterior, pode poupar muitas horas de triagem e estruturação das informações.

Escrevendo o relatório

Após colher, reunir e avaliar os dados, pode-se redigir o relatório. Um relatório de negócios eficaz deve ser fácil de ler. Sua linguagem e forma devem ser familiares ao leitor. Um engenheiro, ao redigir um relatório para um grupo de gerenciamento não técnico, deve tentar prepará-lo com o máximo possível de linguagem não técnica.

O autor do relatório tem uma vantagem quando sabe o que a gerência espera em termos de linguagem, detalhes de conteúdo, material gráfico, entre outros aspectos. Gary deve saber se Denise prefere relatórios precisos e concisos ou com uma gama de detalhes. Ela quer gráficos e diagramas ou prefere tabelas estatísticas que deem os números exatos?

Conheça o leitor. Molde o relatório conforme o interesse e os desejos do leitor. O relatório é escrito para esse indivíduo em especial. Por isso, faça-o de acordo com as preferências dessa pessoa.

Formato do relatório

Embora não exista um estilo de relatório ideal, o formato sugerido nos parágrafos a seguir tem se provado eficaz:

Exponha o problema de forma sucinta: "Conforme você solicitou, aqui estão as informações sobre as marcas e os modelos de caminhões com empilhadeiras para o nosso armazém."

Resumo e recomendações: Apresente o resumo e as recomendações no início do relatório. Isso vai permitir que os executivos obtenham as informações-chave de uma só vez ao lerem o relatório. Eles não têm de percorrer os inúmeros detalhes para saber o que é recomendado.

Suporte detalhado: Este é o recheio do relatório. Nele, apresente todos os detalhes que dão suporte ao resumo e às recomendações. Quadros, gráficos e tabelas estatísticas podem fazer com que o relatório seja mais facilmente compreendido. Fotografias, quando conveniente, podem ser muito úteis.

Observe a linguagem: Mantenha-a clara e vá direto ao ponto. Não há necessidade de usar um estilo pedante e elaborado. Relacione a linguagem utilizada com os interesses e o nível de conhecimento do leitor. A escolha e o bom uso das palavras são importantes. Um relatório pode ser terrivelmente entediante se não houver variedade na estrutura da frase, nenhum requinte no vocabulário, ou se houver clichês demais ou um estilo de escrita muito banal.

De que tamanho deve ser o relatório? Deve ter um tamanho que seja suficiente para contar toda a história — nem uma palavra a mais. Evite a redundância. Um equívoco comum na redação dos relatórios é repetir a mesma ideia várias vezes, com palavras diferentes.

Apresentando o relatório

Antes de apresentar o relatório, devemos revisá-lo com atenção. Mesmo um relatório bom perde credibilidade quando tem erros ortográficos, má estrutura gramatical e digitação desleixada. Os números devem ser verificados com cuidado. Releia-o. Se possível, peça a outra pessoa que entenda do assunto para lê-lo também. Faça as mudanças necessárias.

Prestar atenção aos pontos principais no momento de colher e apresentar as informações e ideias nos relatórios por escrito contribuirá para o nosso reconhecimento como uma pessoa capaz de realizar uma tarefa para a qual fomos destacados. Isso servirá para melhorar nossa imagem aos olhos de nossos superiores — a imagem de uma pessoa que consegue comunicar ideias e apresentar informações de forma eficaz.

Pontos importantes

- Planeje a mensagem antes de escrever a primeira palavra.
- Seja completo, conciso e claro.
- A mensagem ficará mais clara e será mais facilmente aceita se escrevermos exatamente da maneira como falamos.
- Use tabelas, gráficos, fotografias etc., quando conveniente, para esclarecer ou expandir a mensagem.
- Observe a gramática e a ortografia. Nosso estilo de escrita reflete nossa competência.
- Dê tanta atenção à escrita de e-mails e mensagens de texto quanto à redação de cartas.
- Ao escrever um relatório, obtenha todos os fatos, analise a situação e compreenda o que realmente deseja(m) a(s) pessoa(s), para quem o relatório será apresentado, e como ela(s) quer(em) que seja apresentado.

APÊNDICE A

Sobre Dale Carnegie

Dale Carnegie foi o pioneiro do que agora é conhecido como o movimento do potencial humano. Seus ensinamentos e sua literatura têm ajudado pessoas do mundo inteiro a se tornarem indivíduos autoconfiantes, apresentáveis e influentes.

Em 1912, Carnegie deu seu primeiro curso sobre como falar em público em uma YMCA (no Brasil, chamada de ACM — Associação Cristã de Moços) na cidade de Nova York. Assim como na maioria dos cursos sobre como falar em público dados naquela época, Carnegie começou a aula com uma palestra teórica, mas logo percebeu que os participantes pareciam entediados e inquietos. Algo precisava ser feito.

Dale parou sua palestra e apontou com calma para um homem na fileira de trás e pediu que ele se levantasse e falasse de improviso sobre sua formação. Quando o aluno terminou, Dale pediu que outro falasse sobre si mesmo e assim por diante, até que todos na classe tivessem feito um pequeno discurso.

Com o incentivo de seus colegas de classe e a orientação de Carnegie, cada um deles superou seu próprio medo e fez discursos satisfatórios. "Sem saber o que eu estava fazendo", Carnegie relatou mais tarde, "eu me deparei com o melhor método para vencer o medo."

Seu curso tornou-se tão popular que Dale foi convidado a aplicá-lo em outras cidades. Com o passar dos anos, ele continuou desenvolvendo o conteúdo do curso. Percebeu que os alunos estavam mais interessados em aumentar sua autoconfiança, melhorar suas relações interpessoais e se tornarem bem-sucedidos em suas carreiras, além de superarem o medo e a apreensão. Isso resultou na importância de mudar o foco do curso de "como falar em público" para "como lidar com essas questões". Os discursos tornaram-se o meio para uma finalidade, em vez da finalidade em si propriamente.

Além do que aprendeu com seus alunos, Carnegie envolveu-se em extensas pesquisas sobre a abordagem da vida de homens e mulheres bem-sucedidos. Ele as incorporou às suas aulas. E foi isso que o levou a escrever seu livro mais famoso: *Como fazer amigos e influenciar pessoas*.

Esse livro tornou-se um best-seller imediato e, desde sua publicação, em 1936 (e sua edição revisada em 1981), foram vendidas mais de 20 milhões de cópias e ele foi traduzido para 36 idiomas. Em 2002, *Como fazer amigos e influenciar pessoas* foi considerado o livro de negócios mais importante do século XX. Em 2008, *a Revista Fortune* classificou-o como um dos sete livros que todos os líderes deveriam ter em sua estante. Seu livro *Como evitar preocupações e começar a viver*, escrito em 1948, também vendeu milhões de cópias e foi traduzido para 27 idiomas.

Dale Carnegie morreu no dia 1º de novembro de 1955. Um obituário em um jornal de Washington resumiu sua contribuição para a sociedade: "Dale Carnegie não solucionou nenhum dos profundos mistérios do universo. Mas, talvez, mais do que ninguém de sua geração, ele tenha ajudado os seres humanos a aprender como conviverem juntos — o que por vezes parece ser a maior necessidade de todos."

Sobre a Dale Carnegie & Associates, Inc.

Fundada em 1912, a Dale Carnegie Training evoluiu a partir da crença de um homem no poder do autoaperfeiçoamento. Com escritórios no mundo inteiro, a empresa baseia seu treinamento no desempenho. Seu foco é dar às pessoas da área de negócios a oportunidade de aprimorar suas habilidades e melhorar seu desempenho, para construir resultados positivos, estáveis e rentáveis.

A estrutura original de conhecimento de Dale Carnegie tem sido atualizada, expandida e aperfeiçoada constantemente através de experiências de vida reais na área de negócios por quase um século. Os 160 franqueados da Dale Carnegie espalhados pelo mundo usam seus serviços de treinamento e consultoria em empresas de todos os tamanhos e de todos os segmentos de negócios para aumentar o conhecimento e o desempenho. O resultado dessa experiência coletiva global é um acúmulo crescente de perspicácia nos negócios na qual nossos clientes confiam para impulsionar seus resultados empresariais.

Com sede em Hauppauge, Nova York, a Dale Carnegie Training está representada em todos os cinquenta estados dos

Estados Unidos e em mais 75 países. Mais de 2.700 instrutores apresentam os programas da Dale Carnegie Training em mais de 25 idiomas. A Dale Carnegie Training dedica-se a prestar serviços à comunidade de negócios no mundo inteiro. De fato, cerca de 7 milhões de pessoas concluíram o programa da Dale Carnegie Training.

A Dale Carnegie Training enfatiza princípios e processos práticos através da concepção de programas que oferecem conhecimento, habilidades e práticas que as pessoas precisam para agregar valor ao negócio. Ao conectar soluções comprovadas com desafios do mundo real a Dale Carnegie Training é reconhecida internacionalmente como líder na missão de destacar o que possui de melhor.

Entre os graduados desses programas estão os CEOs das grandes corporações, proprietários e gestores de empresas de todos os tamanhos e de todas as atividades comerciais e industriais, líderes do Legislativo e do Executivo de governos e inúmeros indivíduos cujas vidas foram enriquecidas pela experiência.

Em um levantamento global em curso sobre satisfação do cliente, 99% dos graduados da Dale Carnegie Training expressaram satisfação com o treinamento que receberam.

Sobre o editor

Este livro foi compilado e editado pelo Dr. Arthur R. Pell, consultor da Dale Carnegie & Associates por 22 anos e escolhido pela empresa para editar e atualizar o livro *Como fazer amigos e influenciar pessoas*, de Dale Carnegie. Ele também é autor de *Enriqueça sua vida, o método Dale Carnegie*, e escreveu e editou *O lado humano*, uma coluna mensal da Dale Carnegie que foi publicada em 150 revistas profissionais e de negócios.

Ele é autor de mais de 50 livros e centenas de artigos sobre gerenciamento, relações humanas e autoaperfeiçoamento. Além de sua própria obra em livros, textos e artigos, o Dr. Pell editou e atualizou obras clássicas no campo do potencial humano, tais como *Pense e enriqueça*, de Napoleon Hill, *O poder do subconsciente*, de Joseph Murphy, *O homem e aquilo que ele pensa*, de James Allen, *O bom senso*, de Yoritomo Tashi, e obras de Orison Swett Marden, Julia Seton e Wallace D. Wattles.

APÊNDICE B

Os princípios de Dale Carnegie

Torne-se uma pessoa mais amigável

1. Não critique, não condene, não se queixe.
2. Aprecie honesta e sinceramente.
3. Desperte forte desejo nos demais.
4. Torne-se verdadeiramente interessado na outra pessoa.
5. Sorria.
6. Lembre-se de que o nome de uma pessoa é para ela o som mais doce em qualquer idioma.
7. Seja um bom ouvinte. Incentive os outros a falarem sobre si mesmos.
8. Fale de coisas que interessem à outra pessoa.
9. Faça a outra pessoa sentir-se importante, e faça isso com sinceridade.
10. A única maneira de ganhar uma discussão é evitando-a.
11. Respeite a opinião dos outros. Nunca diga a uma pessoa que ela está errada.

12. Se você estiver errado, reconheça o seu erro rápida e energicamente.
13. Comece de uma maneira amigável.
14. Leve a outra pessoa a dizer "sim" imediatamente.
15. Deixe a outra pessoa falar a maior parte da conversa.
16. Deixe que a outra pessoa sinta que a ideia é dela.
17. Procure honestamente ver as questões do ponto de vista da outra pessoa.
18. Seja receptivo às ideias e aos anseios da outra pessoa.
19. Apele para os motivos mais nobres.
20. Dramatize suas ideias.
21. Lance um desafio.
22. Comece com um elogio e uma apreciação sincera.
23. Chame a atenção para os erros das pessoas de forma indireta.
24. Fale sobre seus próprios erros antes de criticar os da outra pessoa.
25. Faça perguntas em vez de dar ordens diretas.
26. Permita que a outra pessoa corrija seus próprios erros.
27. Elogie o menor progresso e elogie cada progresso. Seja "sincero na sua apreciação e generoso no seu elogio".
28. Proporcione à outra pessoa uma boa reputação pela qual zelar.
29. Empregue o incentivo. Faça com que o erro pareça fácil de ser corrigido.
30. Faça com que a outra pessoa se sinta feliz realizando o que você sugere.

Princípios fundamentais para superar preocupações
1. Viva "um dia de cada vez".

2. Como enfrentar um problema:
   a. Pergunte a si mesmo: "O que pode acontecer de pior?"
   b. Prepare-se para aceitar o pior.
   c. Procure melhorar o pior.
3. Lembre-se do preço exorbitante que você pode ter que pagar por sua saúde devido às preocupações.

Técnicas básicas para analisar as preocupações
1. Reúna todos os fatos.
2. Pondere todos os fatos e, depois, tome uma decisão.
3. Uma vez tomada a decisão, entre em ação!
4. Anote por escrito e responda as seguintes perguntas:
   a. Qual é o problema?
   b. Quais são as causas do problema?
   c. Quais são as possíveis soluções?
   d. Qual é a melhor solução possível?

Acabe com o hábito de se preocupar antes que ele acabe com você
1. Mantenha-se ocupado.
2. Não se aflija com ninharias.
3. Use a lei das probabilidades para banir suas preocupações.
4. Coopere com o inevitável.
5. Decida apenas o quanto pode valer a pena algo em termos de ansiedade e recuse-se a dar mais.
6. Não se preocupe com o passado.

Cultive uma atitude mental que lhe proporcione paz e felicidade
1. Preencha a sua mente com pensamentos de paz, coragem, saúde e esperança.
2. Nunca tente vingar-se de seus inimigos.
3. Espere a ingratidão.
4. Conte suas bênçãos e não seus problemas.
5. Não imite as outras pessoas.
6. Tente tirar proveito das suas perdas.
7. Crie felicidade para os outros.

Este livro foi composto na tipografia
Minion Pro, em corpo 11/15,8, impresso em
papel off-white no Sistema Digital Instant Duplex
da Divisão Gráfica da Distribuidora Record.